대학의 몰락

대학의 몰락

초판 1쇄 발행 | 2011년 1월 31일
초판 3쇄 발행 | 2017년 4월 18일

지은이 | 서보명

펴낸곳 | 도서출판 동연
펴낸이 | 김영호
기　획 | 제3시대그리스도교연구소
편　집 | 조영균
디자인 | 이선희
관　리 | 이영주

등　록 | 제1-1383호(1992년 6월 12일)
주　소 | 03962 서울시마포구　월드컵로 163-3 2층
전　화 | 02)335-2630
팩　스 | 02)335-2640
이메일 | yh4321@gmail.com

ISBN 978-89-6447-134-0 (03330)

자본에 함몰된 대학에 대한 성찰

대학의 몰락

대학이 현실, 그것도 체제를 섬기는 하부조직으로 전락했을 때, 대학이란 이름으로 불릴 수 있을까?
대학이 체제와의 비판적 거리를 유지하지 못하면서 주장하는 자율을 밥그릇 싸움 그 이상이라 할 수 있을까?
정신과 이상의 가치를 이념으로 생각하지 않는 대학을 대학이라 할 수 있을까?
정신과 이상의 가치를 귀하게 여기는 대학이 현재 가능하기는 할 것인가?
그런 가능성이 없을 때, 대학은 어디에 존재해야 하는가?

서보명 지음

동연

| 책머리에 |

이 책의 시작은 여러 해 전으로 거슬러 올라간다. 대학에서 공부했고, 현재 신학과 철학을 가르치는 교수로 있으면서도 대학의 본질과 현실에 대해 학문적인 관심을 딱히 가진 적은 그 전에 없었다. 당시 한국의 대학에서 강의를 하며 안식학기를 지내면서 충격적으로 보고 느꼈던 대학의 현실이 그 발단이었다. 그때 한국은 IMF 구제 금융 시대의 충격을 뒤로하고, 사회의 모든 분야가 구조조정이라는 이름으로 신자유주의라는 자본주의의 체제 속으로 빨려들어가고 있었다. 시대 정신을 비판하는 것을 사명으로 생각하는 대학은, 그동안 최소한 형식적으로나마 자본주의의 질서를 비판하고 그것에 편입되지 않을 수 있었지만, 이제는 사정없이 자본주의 세계화의 펀치를 맞고 있었다. 그것이 최소한 나의 느낌이었고 판단이었다. 대학의 구조조정, 경쟁력 강화, 교육시장 개방 등의 일방적인 논의가 언론 매체를 통해 끊임없이 흘러나왔고, 그 흐름에 반대하는 이들은 시대를 역행하는 사람으로 견제와 비판의 대상이 되고 있었다. 그러나 한국에서 대학이 무엇이어야 하는가에 대한 논의는 찾아보기 힘들었다. 대학이란 무엇이고 또 무엇을 하는 곳인가? 과연 이런 질문들이 이 시대에 의미가 있는 것일까? 교단에 선 사람이기에 반향 없는 물음들이 갈수록 솟아났다. 그 후 이런 대학의 본질과 현실에 대해 본격적인 관심을 갖기 시작했다.

대학의 역사에 대한 학문적 관심과 더불어, 한국 사회의 현실을 관찰할 수 있는 기회도 있었다. 많은 사람들이 수없이 지적한 한국 사회의 서구지향적인 모습을 실제로 확인할 수 있었다. IMF에서 원했던 그 이상으로 그들의 요구를 받아들였고, 너무 쉽게 많은 것을 내주었다는 느낌을 지울 수 없었다. 제한된 영역에 적용되는 용어였던 '구조조정' 이란 개념을 두 손 들고 받아들여, 사회의 전체를 뒤바꾸어 놓으려는 노력이 있었다. 영어교육에 쏟는 국민적 열정이 과도한 것이고, 그 현상 자체가 의도적으로 만들어진 것이란 생각이 들었음은 물론이다. 생각을 포함한 행동양식의 변화를 국가로부터 요구받고, 그것을 어렵지 않게 따르는 시민사회의 모습이 매우 특이하게 보였다. 공간의 단위를 재는 전통적인 '평' 을 '제곱미터' 로 하루아침에 바꾸는 것을 국민이 용납한다는 게 이해가 되지 않았다. 좌측통행에서 우측통행으로 바꾸는 것도 생활공간의 개념을 바꾸는 것으로, 실용성을 떠나 국민에게 받아들이도록 요구할 수 있다는 생각 자체가 희한했다. 다른 비슷한 예들도 떠올릴 수 있다. 내 생각이 특이한 것일 수도 있지만 한국 사회의 특징에 대해 이야기할 어떤 면을 이런 단편들이 드러내고 있는지도 모른다. 물론 이런 예들이 급속히 자본화되어가는 사회와 아무 상관이 없을 수도 있다. 하지만 '자본주의' 로 모든 의식과 제도가 해체되고 함몰되면서, 체념 같은 게 무의식중에 일반인들의 정서에 깊게 자리 잡은 것은 아닌가 하는 생각도 드는 게 사실이다.

안식년을 마치고 시카고에 돌아온 뒤부터 서구 대학의 역사에 대한 책들을 읽기 시작했고, 특히 사상사적 관점에서 대학의 이념과 그에 대한 논쟁들을 살펴보게 되었다. 독서를 통해 어렵지 않게 깨달은 중요한 사실이 하나 있다. 그것은 12세기에 그 역사를 시작한 후 대학은 지속적으로 서구 지성사의 사상적 논쟁의 중심에 있었으며, 사상가들의 학문적 관심의 대상이었다는 것이다. 근대의 역사만 보더라도 칸트 이후 데리다까지 수없이 많은 철학사와 신학사의 인물들이 나름대로의 대학론을 펼쳤다. 개별적으로는 그 내용을 알았던 것도 있었지만, 그 흐름에 대해서는 의도적인 독서를 통해서야 배울 수 있었다. 특히 근대 이후 대학이 서구 사상사 논쟁의 중심에 있었던 것은, 철학이 생활의 학문에서 대학이라는 제도권의 학문이 되었고, 학문을 하는 사람들이 대학을 중심으로 모였기 때문이란 이유도 있었다. 배움의 공간으로서의 대학은 학문의 울타리 역할을 하기도 했다. 학문과 대학이 운명을 같이 한다는 시각은 바로 이 때문이다. 중세의 산물이고, 아직까지 중세적 뿌리를 중요하게 여기는 대학이 어떻게 근대의 역사와 사고의 중심이 되었는지는 기독교 교회와의 관계에서 이해할 수 있다. 중세 시대의 교회가 차지했던 중심적 역할을 18세기 이후 대학이 맡기 시작했던 것이다. 신 중심 사회에서 인간 중심 사회로 바뀌는 과정을 여기서 엿볼 수 있다. 진리는 믿음에서 나오지 않고 지식에서 나온다는 사고가 지배하는 근대 사회에서, 대학은 지식의 중심지가 되었다. 또한 교권에서 탈피하고자 하는 서구 사회를 지탱해줄 비신학적 지식으로 무장된 관료들을 만들어내는 일을 대학이 맡게 되었다.

최소한 그 적용에서 가치중립적인 지식이란 없다. 18세기 이후 서구 대학의 역사는 진리와 현실의 사이에서 펼쳐진 논쟁의 역사였다고 할 수 있다. 그 역사에서 드러나는 대학의 형태를 살펴보면 국가주의나 민족주의와 결탁한 대학, 과학 정신의 구현을 목적으로 하는 대학, 산업 발전을 통해 국가를 섬기는 대학, 또 최근에 볼 수 있는 기업주의를 모델로 한 대학 등이 있다. 근대의 대학들은 대학의 본질적인 면에 대해 고민하고 민족, 과학, 산업 등과의 관계를 어떻게 설정해야 하는가에 대해 성찰의 자세를 보였지만, 현대의 대학은 대학과 자본의 관계에 대해 충분한 논의가 이루어지기 전에, 시대의 흐름이라는 이름으로 그 관계가 설정되어버렸다. 여기서 대학이란 무엇인가 하는 문제가 또다시 대두된다. 대학이 현실, 그것도 체제를 섬기는 하부조직으로 전락했을 때, 대학이란 이름으로 불릴 수 있을까 하는 문제이다. 대학이 체제와의 비판적 거리를 유지하지 못하면서 주장하는 자율을 밥그릇 싸움 그 이상이라 할 수 있을까? 정신과 이상의 가치를 이념으로 생각하지 않는 대학을 대학이라 할 수 있을까? 정신과 이상의 가치를 무엇보다 앞세우는 대학이 현재 가능할 것인가? 그런 가능성이 없을 때, 대학은 어디에서 존재해야 하는가?

이 책의 전제는 이런 질문들이 정당하고 또 필요하다는 믿음이다. 그리고 그 전제는 바로 이 책의 한계가 되기도 한다. 이 책은 교육공학의 전문적인 지식을 담고 있지도 않고, 교육학의 이론도 펼치지 않는다. 다만 철학과 신학의 입장에서 대학의 역사와 현실을 읽은 에세이라 할 수 있겠다. 이 책의 주장은 비교적 간단하다. 대학은 신학과 철학이 부여하는 이상에 의해 유지되어왔다. 그 이상은 한 시대, 그 문화권의 선을 추구하는 세계관을 담고 있었다. 그러나 현대 자본주의의 체제는 지금까지의 역사에서 볼 수 없었던, 생산과 소비와 경쟁이라는 이념을 따라 대학이 움직이기를 요구한다. 학문의 이상은 인간에게 초월적인 숭고함이나 이타적인 삶을 추구하도록 하지만, 자본주의 이념은 철저하게 물신주의의 이윤과 소비의 행위만 앞세우게 한다. 이와 같은 시대성에 함몰된 대학은 몰락의 길을 걸을 수밖에 없다. 대학의 학문과 제도를 기업자본주의의 생산과 판매의 모델로 이해하는 것은, 오래된 대학의 자의식과 너무나 동떨어진 것이기 때문에, 대학이란 무엇인가? 하는 질문을 다시 던지는 것은 필수적이다. 대학을 개혁할 프로그램이나 이념을 앞세우기 이전에, 과거의 대학이란 어떤 곳이었고, 현재의 대학은 어떤 곳이어야 하는지를 먼저 물어야 한다. 그런 질문을 과거에는 대학의 본질과 사명이라는 차원에서 논의했다면, 과연 이 시대에 적합하고 수용 가능한 본질과 사명은 무엇인지 물어야만 한다.

이를 위해 대학을 중심으로 벌어졌던 논쟁과 이론의 역사를 먼저 살펴보아야 한다. 지난 200년 동안 그 역사는 민족주의와 자본주의와 끊을 수 없는 연관성이 있다. 민족이라는 개념이 그 효력을 다하고, 자본주의가 인간 삶의 모든 영역을 지배하는 이때 대학이 위기를 맞는 것은 당연한 일이다. 현실과의 거리 속에서 존재의 공간을 찾았던 대학이, 이제 그 거리가 사라진 상황에서 그 목적을 다했다고도 할 수 있다. 반대로 현실과의 거리감은 허상이었고, 대학은 언제나 현실과의 타협으로만 존재해왔다고도 주장할 수 있다. 그러나 누구도 대학이라는 교육 체계가 현재 큰 위기에 처해 있다는 것을 부정하지 않는다. 그것은 미국이나 한국이나 마찬가지이다. 필자는 그런 필요한 논의에 한 관점을 제공하고자 한다.

위기와 비판의 소리를 한국에서 더 듣게 되는 이유는, 대학이 한국 역사에 뿌리를 내리지 못한 때문이기도 하다. 외부에서 강제로 유입된 학문과 지식의 제도였기 때문에, 대학은 제도로서만 존재했지 한국의 문화와 철학의 이념으로는 발전하지 못했다. 한국의 대학들이 신자유주의의 공격과 입시 제도를 둘러싼 논란에 제대로 대처하지 못하는 이유는, 한국에서 대학 담론이 충분히 형성되지 못했고, 그에 의거한 대학의 발전이 없었기 때문이라 생각한다. 그러나 미국의 대학들이 21세기 초의 변화에 비교적 적응을 잘하는 것처럼 보인다면, 그 이유로 이념적 발전과 다양성을 생각할 수도 있지만, 자본주의가 체질화되어 있었던 것과 국가의 기본 체제에 순응해왔다는 점도 지적해야 한다.

따라서 대학에 대한 어떤 이념이나 철학이라도 그 역사에서 출발할 수밖에 없으며, 또 그 환경 속에서만 이해할 수 있다. 반대로 대학의 이념이나 철학의 부재 역시 그 역사에서 이유를 찾아야 한다. 한국에서의 대학의 의미를 논하기 전에, 한국에 대학이 들어온 혼란스러웠던 과정과 그 이후 현재까지 지속되어온 지식 수입의 역사를 살펴보아야 한다. 한국의 대학이 한국 문화나 민족의 대학이 되지 못했다는 것은, 20세기 한국의 지성사가 주로 대학 밖에서 이루어졌다는 사실을 보면 알 수 있다. 실제로 한국 대학의 기원과 이념의 한계를 깊이 있게 다루기 위해서 구한말 성균관이 근대적 교육기관으로 태어나기 위해 노력했으나 실패했던 개혁의 노력도 살펴보아야 하고, 서구 대학론과 함께 유교 대학론까지도 상상해볼 수 있어야 한다. 최근에 대학의 위기에 대한 논의와 함께 많이 듣게 되는 용어는 '인문학' 이다. 기존의 문사철 개념을 현대화하여, Humanities라는 서구의 전통과 접목시켰다는 느낌이 든다. '인문학' 을 논하는 모임이나 글들의 주제를 접할 때면, 일면 학문의 이름으로 대학의 위기에 저항하는 모습도 보게 된다. Humanities에 담긴 '인간' 에 중점을 두면서, 이 글에서도 인문학이란 용어를 쓸 것이다.

내가 대학의 문제에 관심을 갖게 된 동기도 그렇지만, 이 시대의 문화적, 정신적 환경은 신자유주의 이념의 등장이 마련해준 것이다. 이것을 이 책의 실존적 상황이라고도 하겠다. 신자유주의라는 자본주의의 등장은 모든 종교의 찬란한 실패를 의미한다. 탐욕에서 벗어나 이타적인 삶을 추구하는 종교의 정신은 가진 자의 관용과 제도적 장치만을 외칠 뿐, 더 이상 종교적인 삶을 주장하지 못하고 있다. 오랫동안 기독교에서는 이윤 추구 행위의 통제를 정의로운 경제질서의 출발점이라고 이해했지만, 지금은 그에 대한 기억마저 상실한 듯하다. 실제로 중세까지 교회는 이자를 받는 행위를 불의한 것으로 보았고, 고리대금업을 철저하게 규탄했다. 최근까지도 미국 사회에서 이자율에 대한 통제는 신학적 근거를 두고 있었다. 근대의 서구 대학은 그 이전 역사에서 교회가 담당했던 세계관을 제공하고, 지식의 보고가 되고, 가치의 전파를 책임지는 역할을 물려받았다. 이런 대학의 역사가 신자유주의 이념이 등장하기까지 어떤 변화를 겪었는지가 나의 큰 관심사였음을 부정할 수 없다.

이 책은 체계적인 대학론이 아니다. 내가 대학에 대해 배운 것을 정리한 에세이 형식의 책이라 할 수 있다. 내 처지에서 대학의 역사를 읽으면서 배우고 느낀 것을 서술했고, 다양한 인물들의 대학론을 간단히 옮겨놓기도 했다. 협곡의 단층처럼 역사를 보여주는 까닭은 지식의 지층을 보며 우리가 처한 현실을 함께 느껴보자는 의도이다. 그 조망한 내용을 바탕으로 대학과 학문이 어떤 것이어야 하는지를 '학문론' 이란 장에서 나름대로 관점을 두어서 정리했다. 하지만 이 책은 관점은 있을지라도, 현실성은 없는 글이라 생각한다. 내가 역사에서 보게 된 대학의 모습이 현실의 대학과 너무 다른 이유도 있겠지만, 현실에 비판적 거리를 두는 데서 대학의 사명이라 할 수 있는 어떤 최소한의 것들이 이루어질 수 있다고 믿었기 때문이다.

몇 해 전 이 책 내용의 일부가 담긴 글을 영어로 쓴 적은 있지만, 최근까지 그동안의 독서와 생각을 정리해 한국어 책으로 펴낼 생각은 하지 못하고 있었다. 우연한 기회에, 시카고에서 오래전부터 기독교 정신을 담은 출판문화 일을 하고 계신 김상신 목사님이 운영하시는 인터넷 웹진에 여러 달 이 책의 내용을 기고했다. 그 내용이 바탕이 되어 이 책이 나오게 되었다. 그래서 그런지 책으로 펴내는 지금 읽어보니 좀더 여물게 글을 익히지는 못한 듯하다. 그런데도 책으로 엮어내는 이유는 우리 시대의 화두, 학생들이 길을 잃고 있는 현실의 급박한 문제를 함께 고민해보자는 간절한 때문이다.

대학의 몰락과 종이 책의 종말은 연관이 없을 수 없다. 책이 사라지는 시대에 책을 출판하는 업이 여러모로 어려울 거란 생각을 하면서, 도와주신 여러분께 감사의 마음을 전한다.

2011년 1월

서보명

| 감사의 글 |

미국 하버드 대학의 철학과 마이클 샌델 교수의 책 『정의란 무엇인가』가 한국 독서계를 놀라게 하고 있고, 그가 지난해(2010년) 강연차 방한하였을 때는 강연장이 메어터질 정도로 남녀노소 청중이 모여 들었다. 영국 캠브리지 대학의 경제학자 장하준 교수의 두 책, 『나쁜 사마리아인들』과 최근 번역 출판된 『그들이 말하지 않는 (자본주의에 대한) 23가지』 역시 베스트셀러 목록에 올라 있다고 한다.

샌델 교수의 "정의" 강의가 한국의 독서인들에게 인기가 있는 이유가 무엇인가. 정말 정의가 무엇인지 몰라서? 아니면 정의가 그리워서…? 사회 정의에 굶주려서? 그의 교수 방식이 특이하고 참신해서? 위의 대답이 모두 다 맞는다고 생각하는 사람들이 많다. 장하준 교수는 우리말을 잘하는 한국 학자인데도 영어로 저술한 책을 우리말로 번역해서 읽히고 있다. 이 책은 한마디로 신자유주의 자본주의에 대한 비판이다. 세계화와 신자유주의 자본주의에 물들어 있는 한국의 젊은 사람들에게 왜 이 책이 많이 읽히고 있을까? "세계화"와 "무한 경쟁"과 "성장"과 "시장"이란 구호들과 광고와 선전과 담론에 신물이 나서인가? 돈 돈 하며 돈의 우상을 좇아 다니다가 정신이 나기 시작한 것일까?

미국 시카고 대학의 신학대학원에서 철학과 신학을 교수하고 있는 한국 교포 학자 서보명 교수의 이 책『대학의 몰락』은 단연 위의 책들의 반열에 올라갈 것이라 믿는다. 정의를 찾는 젊은이들에게, “공정한 사회”를 애타게 갈망하는 이들에게, 그리고 돈과 맘몬을 섬기고 물신의 우상을 섬기면서 인간이란 무엇인가? 삶의 목적이 무엇인가? 참 행복이 무엇인가? 묻고 있는 젊은이들에게 이 책은 명쾌한 대답을 하고 있기 때문이다. 우리 사회가, 우리 교육이, 우리 대학이, 우리 부모들이, 젊은이들에게 기대하는 것이 무엇인가? 결국 우리 모두가 돈이라고 하는 우상을 섬기고 돈 이외에는 다른 “신”을 섬기지 말라는 자본주의의 “절대 절명”을 맹종하다 보니 오늘 사회 정의니 개인의 행복이니 공동체니 자유니 비판의식이니 사랑이니 자비니 하는 말들은 세상을 잘 모르는 옛날 사람들, 이상주의자들의 “헛소리” 아니면 늙은이들의 “잔소리”가 되었는데, 서보명 교수는 이에 강하게 항의하고 있다.

신자유주의 자본주의의 시대가 이렇게 돌아가는데, 대학이 이에 대해서 비판하거나 저항할 생각조차 없는지 반대하는 말이 들리지가 않는다. 오히려 대학 자체가 기업화하고 “생산”을 극대화하는 경쟁에 휩싸이고, 학생들을 소비자로 모시고, 지성의 공동체를 지식산업 사회로 변질해 버리면서 대학은 고작해야 자유시장이 되어 산업 사회의 도구나 노예를 양산하고 있다는 것이다. 대학 시장에 나도는 “상품”은 있어도, 인간이 상실된 지 오래되었다는 것이다. 인간이 보이지 않는 대학, 인간을 생각하지 않는 대학, 인간을 기르지 않는 대학, 꿈이 있는 인간, 희망이 있고, 믿음이 있고, 사랑을 갈망하고, 고민하고, 기뻐하고 슬퍼하는 인간, 그리고 무엇보다도 생각하는 인간이 없는 대학은 이미 몰락하고 있다는 것이다. 그래서 "대학의 미래"는 이미 없어졌다고 고발한다.

오직 "미래의 대학"을 설계해야 한다고 예언한다. 이 책의 마지막 말, "〈인간이나 이상이나 진리와 같은 한가한 주제들〉이 중요하다고 인식되려면, 자본과 시장과 경쟁이라는 이 시대 대학의 우상으로부터 〈비판적〉 거리를 둘 수 있어야 한다 … 따라서 이 시대에 대학의 이상이 지켜나갈 대학이 있다면 그것은 대학 밖의 대학일지도 모른다(260쪽)." "대안 대학"을 만들자는 것이다. 그 대학을 그리스 철학자 소크라테스에서 찾는다. "배움을 통해 삶을 돌아보고, 시대를 직시하고 정의를 외치는 사람들이 있는 곳, 그곳은 시장이 아닌 소크라테스의 '아고라' 일 것이며, '큰 배움' 으로서의 대학이 존재하는 곳이리라(260쪽)"는 것이다. 이 책을 모두 요약하는 말이다.

이 책은 대학의 현실을 예리하게 분석하고 비판하고 고발하는 책이다. 영국의 대처 수상이 신자유주의 주창자 하야크의 책을 읽고 "바로 이책이다" 손뼉을 치고 영국의 경제를 오늘로 이끌어왔다고 하는 저자 서보명 박사는 "이건 아니다"한 것 같다. 그의 대학론은 신자유주의 정치경제론을 명쾌하게 파헤치고 있다. 그리고 이 책은 서구 사회에서 출발한 대학의 역사를 일목요연하게 밝히면서, 오늘 우리 한국 대학의 역사와 특성을 예리하게 분석한다. 저자의 안목,

저자의 시각은 서구 철학자들, 플라톤과 아리스토텔레스로부터 데카르트와 칸트, 쇼펜하우어와 니체, 그리고 현대 철학자 하이데거와 블룸과 매킨타이어, 포스트모던 철학자 리오타르와 데리다의 철학적 시각이다. 그래서 이 책은 가히 "대학에 대한 철학사"라고 해도 될이다. 나아가서 이 책은 신학사라고 하리만큼 신학적인 분석이 깔려 있을 뿐 아니라, 대학에서 신학을 회복해야 한다고 역설하고 있다. 오늘날 "몰락하는 대학"을 살리는 데는 대학에서 신학을 되찾아야 한다는 것이고, 신학이 대학과 인문학과 모든 학문의 중심이 되어야 한다고 역설한다. 대학에서 인간을 되찾기 위해서는 신을 되찾아야 한다는 것이 신학자 서보명 교수의 설득력 있는 주장이다.

대학 문에 들어서는 학생들, 입시에 지쳐서 별 호기심도 관심도 없이, 부모들 극성에 떠밀려서, 취직을 위해서, 별로 할일이 없으니 대학이나 가자고 들어오는 신입생들은 이 책을 꼭 읽었으면 한다. 대학 교수의 사명 따위는 생각할 필요 없이 연구비를 따오고, 진급을 위해서, 해직당하지 않기 위해서 논문 한편이라도 더 써야겠다고, 학생들이나 강의 같은 것은 관심 밖에 있는 교수들 역시 이 책을 읽으면서 자신을 반성하게 되기를 바란다. 특히 대학을 운영하는 총장들과 학장들, 그리고 교육부 장관은 물론 대학을 감독 지휘한다는 교육공무원들의 필독서가 되기를 바라는 바이다. 그러나 이 책의 가장 중요한 독자는 교회 목회자들, 대학의 안과 밖에서 일하는 교목들과 신학자들이어야 한다고 믿는다.

나는 서보명 교수를 직접 만난 적이 없어서, 인터넷에서 검색하여 보았다. 고등학교 때 미국으로 이민 간 1.5세 한국 교포이며, 드류 대학교에서 철학을 공부하고 줄곧 시카고 대학교에서 신학으로 석사와 박사학위를 받았다고 한다. 2005년엔가 시카고 대학 안에 The Center for the Study of Korean Christianity(한국기독교연구센터)를 설립하고 매달 한국의 저명 신학자들을 초대해서 공개 강연을 하고, 시카고 이민 교회에서 정기적으로 신학 강좌를 열고 한국의 기독교회사와 민중 신학 등 한국 신학을 강의하고 있다고 한다. 2009년엔가 한신대학교 신학대학원에 초빙교수로 귀국하여 한국의 신학과 대학을 살피면서 세계의 대학을 연구하게 되어 이 책을 내어놓게 되었다는 것이다. 이 책을 펴내는 동연출판사에서 "추천사"를 부탁했지만, 이 글은 이 책을 쓴 서보명 교수와 이 책을 출판하는 동연출판사에 대한 감사의 글이다.

서광선 박사(전 이화여대 교수)

| 추천사 |

학문은 사물의 이치를 밝혀 사실을 창출해낸다. 대학은 끊임없이 진실(truth)과 사실(fact)의 틈새를 메우려는 인간의 시도와 더불어 진리로서의 사실을 추구하는 학문의 장소로써 그 위치를 점해왔다. 또한 근대 대학이 지니는 공공성의 확보는 대학의 정체성을 보다 확고히 해왔으나 이제 대학은 그 정체성에 도전을 받고 있다. 신자유주의의 끝자락 속에 진리 탐구와 공공성의 가치는 경쟁을 통한 생산성과 이윤 창출의 장소로 전환되어 사라지고, 대학은 정치경제 권력의 도구로 전락하고 있다. 국내에서의 공공성의 터전이라 할 수 있는 국립대는 법인화의 강요 속에 흔들리고 있고, 심지어 서울대학교의 법인화법이 단 1분 만에 국회를 통과된 것이 현실이다. 신학은 없고 그 대신 자본주의 신(神)이 자리 잡은 이 시대 대학의 모습을 통해, '대학 밖의 대학' 을 통해 또다른 학문의 터전이 필요하지 않겠는가라는 저자의 지적은 다시 한 번 우리를 되돌아보게 한다.

비록 동양의 대학 전통은 검토되지 않고 서양 근대 대학 체제에만 의거하여 논의가 전개된 한계가 있지만, 세계적으로 대학 등록금 인상에 반대하는 항의가 거리를 뒤덮고 대학의 상품화가 일상화되고 있는 현 시점에서 이 책의 시의적절성과 통찰은 앞으로 많은 진통이 예상되는 국내 대학 상황에 있어서 큰 도움이 될 것이다.

우희종 교수(서울대학교)

차례

3장 대학과 철학

4장 학문론

5장 대학에서 신학과 인문학

제1장

대학의 현실

대학이란?

모든 교육은 믿음에서 출발한다. 지식은 가치중립적일 수 있지만, 그 내용이 가르쳐질 때는 이미 학문이나 학교라는 제도권의 믿음 체계로 다듬어진 상태라 할 수 있다. 믿음은 기존 종교의 개념만은 아니다. 예를 들어, 국가주의와 과학주의하에서 교육이 전파하려는 믿음은 종교적 믿음과 마찬가지 역할을 한다. 진리를 추구한다는 대학이라고 이 한계에서 자유로울 수 없다. 고등교육을 대변해온 대학은 사회나 국가적 지원을 전제할 뿐 아니라, 사회의 미래에 직접적인 영향을 미치기 때문에 믿음이 더 작용한다고 할 수 있다. 따라서 근대와 중세 대학의 차이는 대학의 이념이 어떤 믿음에 의해 제도화되었는가에 따른 것이다. 대학의 제도화에 있어서 세속주의는 종교의 교리주의만큼이나 억압적일 수 있다. 객관적 사실과 가치중립적인 지식을 추구한다는 근대 학문의 습성도 독특한 역사를 배경으로 나온 관념이다.

대학이 무엇인가? 하는 질문은 대학의 역사를 떠나서는 어떤 답도 얻을 수 없다. 그렇다면 그 역사에서 드러나는 대학이란 무엇이며, 어떤 의미에서 대학의 몰락을 말할 수 있는가? 어느 누구도 대학이 서구 중세의 산물이라는 사실을 부정하지 않는다. 그 유산은 대학의 학제에서 수업의 방식과 학위 제도, 그리고 논문 제도에서도 드러난다. 그러나 이런 가시적인 유산보다 더 중요한 것은 정신적 유산이다. 물론 중세의 대학이 학문을 체계화하면서 학문과 삶의 분리를 초래했고, 제도에 얽매이지 않는 자유로운 사유를 어렵게 만들었다는 지적이 있다. 그럼에도 인정해야 할 것은 스콜라 철학이 프로니시스(Phronesis: 실천의 지혜)와 같은 삶의 덕목을 학문적으로 정리하여 윤리학과 인간학의 체계를 세웠다는 점이다. 중세 대학의 가장 큰 유산은 변증과 논증을 통한 치열한 학문의 자세와(기독교) 세계관의 이상을 통해 전체를 이해하려는 이상주의라 하겠다. 대학의 모토로 가장 많이 쓰이는 베리타스(Veritas: 진리)는 객관적 사실이나 증명된 공식이 아니다. 진리를 새로운 것으로 이해하지 않았던 중세의 세계관에서도, 진리는 주어진 지혜의 당위성을 추구하는 사유의 과정을 전제로 한다.

진리의 추구와 이를 통한 지식의 창출은 세상 권력과의 거리를 요구했다. 대학의 자율과 자치는 그 거리를 유지하기 위해 필수적인 장치였다. 대학의 사명과 본질을 말할 수 있다면, 그것은 세상과의 비판적인 거리란 조건하에 가능하다. 정신적 간격이라고도 할 수 있는 그 거리는, 중세 때에는 신학이라는 형이상학으로 가능했고, 근대의 대학에서는 순수한 과학과 문화라는 이념으로 가능했다. 현실의 역사에서 폐해도 많았던 대학이었지만, 정신적 이상을 추구하는 공간이라는 이해를 빼면 대학의 자의식은 존재하지 않는다.

현대 대학의 모습은 자본주의 바깥에서 이해될 수 없다. 이에 대한 논의는 위에 언급한 그 거리가 사라졌다는 사실에서 출발한다. 한때 시대에 대한 비판 즉 자본주의에 대한 비판이 대학의 전유물로 생각되었지만, 이제 대학은 자본 창출의 선두 기지로의 전환을 요구받고 있다. 그 시작은 1980년 전후로, 미국의 레이거노믹스와 영국의 대처리즘의 등장과 맥을 같이 한다. 사회와 경제에서 보수 자본주의의 논리가 지배적 이론으로 등장하면서 대학의 자본화가 가속화되었고, 1989년 소련과 사회주의 계열의 몰락으로 신자유주의라는 극한 자본주의가 등장하면서 대학은 자본과 경쟁의 체제로 돌입하게 된다. 일반적으로 현대 대학은 교육만큼이나 생산이나 경쟁이란 용어에 친숙해졌다.

경쟁

경쟁이 없던 사회는 없다. 하지만 근대 자본주의에 들어서자 경쟁은 인간을 정의하는 이념이 되어버렸다. 경쟁이 자연의 법칙이고 인간의 본성에 가깝다는 이론은 18세기부터 부르주아 사상가들이 펼친 주장이다. 인간은 원래 탐욕스럽고 이기적인 존재이고, 박애나 덕이나 사랑은 종교적 사상으로 본질을 숨기려는 위선이라는 것이다. 여기서 자본주의는 인간의 본질적인 이기심을 인정하고도, 세상을 꾸려갈 수 있는 제도가 가능하다는 인간 이해와 역사 이해를 바탕으로 한 것이다. 구태여 경쟁의 도덕성이나 인간론을 논의할 필요는 없지만, 경쟁의 논리가 자본주의의 독특한 인간 이해를 이루고 있는 것은 분명하다. 또 한 가지 명백한 것은 경쟁은 독점을 낳고, 독점은 더 큰 시장과 경쟁을 추구하게 되어 결국 끝없는 독점을 향한 의지로 남는다는 것이다.

큰 기업들을 중심으로 모든 경쟁의 구도가 잡혀 있는 현대의 상황에서 경쟁은 인간을 경쟁의 주체도 아닌 도구와 수단으로 만든다. 경쟁이 이 시대의 삶의 양식으로 자리매김하게 된 이유는 과학적 근거나 깊은 인간 이해보다 이데올로기의 작용 때문이다. 실제로 이전보다 더 많고 강도 높은 경쟁이 현재 존재하는가를 떠나서, 그렇게 느끼고 생각하면서 살도록 강요받는 게 현대의 삶이라 할 수 있다. 그 삶은 불안과 불신이 만연한 상태에서 영위되어가고, 효율적인 통제와 통치의 조건이 된다. 마르크스의 지적대로 지배 세력의 이데올로기는 그 시대의 정신으로 전파되고 통용된다. 나아가 시대의 정신을 넘어서 인간의 본래적인 모습으로 둔갑하기도 한다. 글로벌 자본주의 시대에 '경쟁'이 바로 그런 역할을 한다. 그에 대한 비판은 현실을 무시한 이상주의로 취급받는다. 빈부의 격차가 확연한 상태에서 강요된 경쟁은 당연히 계층 간의 차이를 더 벌려놓고, 불안과 불신의 갈등을 조장해낸다. 그 갈등은 민주적인 절차로도 해결하기 힘들다. 자본주의의 경쟁 법칙이 민주주의의 정신을 대체하기 때문이다. 경쟁의 정신을 체득하게 되면 경쟁에서 밀린 사람들은 그 결과를 체념으로 받아들이게 되고, 주체적인 정신을 잃고 대상과 도구로 전락한 피지배계층이 될 위험이 있다. 대상과 도구로 전락하는 것은 다수의 사람들뿐만이 아니다. 자연과 생태계는 자본의 축척을 위한 개발에 희생양이 된 지

오래다. 과학과 기술의 학문 또한 이런 지배 의지의 도구로 전락하고 있다.

이데올로기의 작용이 성공했을 때, 우리는 그 밖을 인지하지 못한다. 모든 문제에 대한 답이 주어진다. 자아실현과 욕망의 충족까지 이루어낼 조건이 그 내부에서 만들어진다. 모든 실패는 경쟁의 아픈 그러나 당연한 산물로 이해되고, 모든 문제는 경쟁으로 풀어야 한다는 생각이 팽배하게 된다. 경쟁이 없는 삶을 단순히 생산성이 약한 존재일 뿐만 아니라, 원칙과 법칙이 부재한 삶으로까지 인식하게 된다. 따라서 경쟁의 윤리에 대한 문제는 더 이상 문제가 되지 못한다. 서구 근대 사회의 핵심 개념은 '자유' 였다. 자유는 제국주의와 식민주의란 서구 자본주의의 형태를 거치면서 자연스럽게 자유 무역(Free-Trade)을 연상하는 개념이 되었다. 현재 '경쟁' 은 자유와 버금가고 또 서로를 연상시키는 용어가 되었다. 자유의 의미는 자유롭게 경쟁한다는 것이고, 경쟁은 자유의 조건이 되었다. 미국에서는 자유가 수사학적 가치를 넘어서 종교적 신념으로 자리 잡은 지 오래다. 경쟁력은 그 자유를 누릴 수 있는 자격 또는 자세로까지 여겨지고 있다.

대학과 경쟁

경쟁이란 단어가 미국 대학 사회에서 공공연하게 등장하기 시작한 것은 1980년대 중반이었다. 대학 사이의 경쟁, 고용가치가 있는 학생을 배출하자는 차원의 경쟁은, 곧 대학들의 서열 순위 경쟁으로 변했다. 이제 대학 진학을 앞둔 학생들이 가장 많이 따지는 것도 대학의 랭킹이 되어버렸다. 주로 언론에서 발표하는 대학의 랭킹은 잡다한 통계와 여론 조사를 바탕으로 한 것이지만, 프로 스포츠 팀들의 우열 순위만큼이나 대중의 관심을 끌고 있는 게 사실이다. 최근에 너도나도 발표하는 대학 랭킹은 실제로 통계 조사를 계산해 산출한 것이지만 그중 제일 중요한 건 여론—즉 나의 이웃들이 나에 대해 어떻게 생각하는지를 통계낸 것—이다.

대학의 우열 순위를 정하자는 바람이 불기 시작한 것은 레이건 대통령의 보수주의 혁명이 그 절정에 달했던 1980년대 중반이었다. 필자가 대학을 다니고 있던 때였다. 지금도 그렇지만 당시 미국의 시사주간지 *The US News and World Report*는 타임(*Time*)지나 뉴스위크(*Newsweek*)지보다 판매 부수가 적고 보수적인 매체로 알려져 있었다. 그 잡지에서 1984년도에 처음 미국 대학의 순위를 전체 그리고 학과별로 매겨 보도하면서 큰 인기를 끌었고, 현재까지도 매년 대학 랭킹을 다룬 호는 연중 가장 많이 팔리고 있다. 그 이후 대학의 순위 정하기는 마치 누가 이기나 게임을 즐기듯 사람들의 관심을 끄는 세계적인 현상으로 변했고, 세계의 많은 저명한 언론 매체들이 뛰어들어 자체적으로 조사한 결과를 해마다 발표하게 되었다.

레이건 시대를 지목하는 이유는 무엇인가? 우선 '대학 순위 정하기'를 비판의 공간이었던 대학을 죽이려고 의도적으로 만든 현상으로 보기 때문이다. 그 결과 실제로는 그렇지 않았지만, 항상 체제 밖에서 노는 것같이 보였던 미국의 대학들이 철저한 자본주의 경쟁의 구도라는 덫에 갇히게 되었다. 80년대 레이건의 등장은 60년대 반전, 학생, 히피, 민권운동 등으로 대변되는 좌파세력에게 문화적으로 밀렸고, 그 때문에 베트남 전쟁에 졌다고 생각하는 보수파들이 결국 신자유주의 경제이론으로 무장해 세력 확장에 성공한 것이었다. 80년대 자본주의 경쟁 체제로 대학을 몰입시키려는 노력은 60년대 좌파운동의 본산지였고, 당시에도 좌파 지식인들의 피난처였던 대학에 대한 보복이었다고 볼 수 있다. 순위 경쟁은 대학의 체제를 평가 위주로, 또 성장 위주로 변형시켜놓았다. 순위 경쟁에 자산의 액수가 미치는 영향이 크기 때문에 대학들은 자산 경쟁에 몰입했다. 학생들의 만족도 여부가 순위 통계에 큰 비중을 차지하기 때문에, 대학은 소비자인 학생의 만족도를 높이는 데 몰두하기 시작했다. 그런 악순환이 지난 20년간 지속되어 자본주의를 섬기는 고등교육 체제로서의 대학이 완성되어가고 있다.

이 과정을 냉전이 끝난 이후 신자유주의 체제가 등장하는 역사 속에서 이해할 수도 있다. 냉전의 종식과 함께 자본주의 세계화 바람이 불면서 국제무역협정 체제가 인간 사회를 통제하는 기구로 등장하였고, 세계의 모든 대학도 한 체제 안에서 운영되고 관리되기를 종용받고 있다. 그 이유는 국제무역협정 조약들 탓에 고등교육을 상품을 취급하는 무역으로 인식하게 되면서, 대학 교육의 정책은 WTO와 같은 기관의 영향을 받기 시작했기 때문이다. 국제무역협약 체제가 대변하는 세계화 자본주의에서 대학을 기업으로 전화시키고자 하는 까닭은 무엇보다 학비와 기부금 그리고 연구 지원금 등으로 대학에 몰리는 돈이 천문학적인 액수이기 때문이다. 대학 교육에 투자되는 엄청난 금액의 돈을 교육이라는 상품을 두고 벌어지는 생산과 소비로 보았고 수출과 돈벌이의 기회로 본 것이다. 교육을 상품으로 또 교육 행위를 무역으로 보는 시각은 기업 자본주의가 만들어낸 것이지 서구의 대학과도 무관한 것이었다.

서구의 국가들은 교육과 관련된 무역협정 조약들을 철저하게 이행하는 게 이익이라 깨달았고, 교육부 차원의 당근과 채찍을 동원한 정책으로 적용시켜나갔다. 현재 미국의 많은 대학들의 현실은 이를 철저하게 이행할 수밖에 없다는 행정 당국의 의지와, 반대하면서도 끌려가고 있는 교수들의 입장으로 갈라져 있다.

신자유주의라 불리는 자본주의가 등장하면서 대학은 일률적인 기준과 통제가 필요했고, 그 역할을 기업의 품질 관리 체제가 맡게 되었다. 이 체제는 품질 관리와 품질 보증(Quality Assurance)을 내세우며, 효율성과 경쟁을 극대화하는 방식을 고안해내고 그 방식으로 대학을 운영하자는 것이다. 품질 관리 체제는 최근에 글로벌한 산업이 되어가고 있다. 대학을 국제 기준(Global Standard)에 맞추어 효율성 있게 교육과 행정의 체계를 바꾸어준다는 전문가 단체가 늘어나고 있다. 세계의 모든 국가가 놀라울 정도의 빠른 속도로 이 품질 관리 체제를 받아들여 대학을 관리할 정책을 만들어내고 있다. 제3세계의 대학도 OECD나 WTO가 정하는 기준에 따라야 하는 시대가 왔기 때문이다. 품질 관리의 운용 방식을 복잡한 공학적인 용어로 설명하는 예가 많지만, 교육을 생산자가 있고 소비자가 있는 상품으로 보고, 교육이라는 산업의 품질을 경쟁의 극대화를 통해 재정적 효율성과 이윤을 확보하자는 데에 목적이 있음은 분명하다.

여기서 이런 국제무역기구들이 관장하는 신자유주의 교육 정책이 지니는 제국주의적 성향을 지적하지 않을 수 없다. 교육을 상품을 다루는 산업으로 인정하고 자유 무역의 영역으로 인정한 것은 교육이 문화나 민족 또는 종교의 가치를 담아내는 그릇이라는 시각에서 벗어나게 만든다. 교육을 통제하고 지배하기 위한 획일화된 이념이 필요했고, 글로벌이란 개념이 그 역할을 맡았다. 글로벌이란 용어는 시대의 화두로 둔갑해 대학의 탈선을 막으며 기업형 운영이 갖는 경쟁과 효율성을 전파하기 시작했다. 글로벌한 기준이란 자본주의 세계화를 주도하는 국가들이 만들어놓은 것이고, 세계의 대학을 하나의 제도로 평가하자는 의도가 담겨 있다. 대학에 있어서 무엇이 좋은 것인가에 대한 최근의 논의는 바로 이 기준에서 나온다. 이 개혁은 대학이 이윤 산출의 공간이지 문화 창조와 비판의 공간이 아니라는 전제를 암시한다. 예를 들어 대학은 산학협동이나 특허권 또는 연구 기금 획득을 통해 정당성을 인정받지 못하면 소비자 교육이나 잘 시키라는 경고를 듣고 있다. (일례로 현재 미국의 대학에서는 대학평가기관과 교육부가 만들어낸 규정에 따라 모든 학과목 교과서를 제목과 가격을 포함해 몇 달 전에 미리 공표하여 학생들의 소비자 선택권을 늘리도록 하고 있다). 이런 개혁을 글로벌한 시대의 숙명적인 결과라 이해하고 적극적으로 수용하는 세력도 물론 존재한다.

경쟁의 논리가 민족의식을 자극하는 면도 없지 않다. 현 체제가 만들어놓은 세계 대학의 순위 경쟁은 자국의 대학이 몇 등을 했는지가 초미의 관심이 되게 조장했다. 자국의 글로벌화 노력의 잣대가 되기 때문이다. 그 관심은 신자유주의 대학 체제를 정당화시키고 그에 몰입하게 만드는 요인이 되기도 한다. 세계의 대학이 한 이념하에 관리·통제될 수 있는 상황이 만들어진 상태에서, 서구 대학의 타 문화권 진출은 매우 용의하게 되었다. 유학이라는 소극적인 방식에서 탈피해 아예 서구의 대학이 분교를 여는 방식이 비서구권의 많은 나라에서 실질적으로 연구되고 실현되고 있다. 이 시대의 lingua franca(공동어)인 영어권의 대학과 학문이 선호된다는 것은 당연한 사실이다. 최근 미국의 대학들은 타 문화권에 분교를 설치해 그 지역 교육 시장의 점유율을 높이기 위한 경쟁을 하고 있다. 그 와중에 인문학과들을 폐지하는 미국의 대학들이 늘고 있다는 아이러니한 사실은 이 시대의 현실을 단면처럼 보여준다.

교육에서 품질이란 과연 무엇일까? 어떤 것의 품질은 그것의 목적과 연관이 있다. 그렇다면 교육의 목적은 무엇인가? 그 목적은 시대가 만들어낸다. 기업주의의 가치가 지배하는 세상의 교육이 그 이념을 재생산할 것이라는 사실을 현실적으로 부인할 수 없다. 이에 대해 교육의 본래적 의미나 인간적 가치를 논하는 것은 비현실적인 공상으로 들린다. 이 시대의 현실과 인간 사회에서 드러나는 교육에 대한 보편적인 이상은 너무나 차이가 나서 비교조차도 가능하지 않아 보인다. 기업주의의 가치로 무장한 교육이 목표로 삼는 품질 높은 대학 교육이란, 말 그대로 그 특수한 목적에 충실한 교육일 수밖에 없다. 그렇다고 현재까지 양질의 기업주의 교육이 대학에서 실행되고 있다는 통계는 아직까지 없었고 앞으로도 없을 것이다. 그 이유는 경쟁과 효율성이나 순위는 교육과는 아무런 관계가 없는 공허한 목적이기 때문이다. '공허한 기표' (Empty Signifier)의 예라 할 수 있겠다. 내용 없는 학문이 방법론을 강조하듯 내용 없는 교육은 목적과 목표를 내세운다. '쓸모없는 공부' 라는 교육의 오랜 이상을 애써 부인하려는 것이다. 쓸 곳이 없는 공부는 창의성과 상상력을 키워주고 또한 그것들의 산물이다. 그런 사유를 '목적 없는 목적' 이라고도 부른다. 쓸모없는 공부의 공간은 비판적 지식의 공간이고, 이 시가 의도적으로 없애려는 공간이기도 하다.

벌써 여러 해 전 일이다. 서울의 지하철에서 대학을 선전하는 광고를 처음 보고 오랫동안 눈길을 뗄 수 없었던 기억이 난다. 지금은 미국이나 한국에서 너무도 자연스럽게 접할 수 있는 모습들이다. 대학들은 알리고 보여주지 않으면 아무도 모른다는 강박관념에 사로잡혀 있다. 한국의 대학들은 현란한 광고를 만들어내고, 미국의 대학들은 졸업생들에게 액수와 관계없이 기부금을 받아내기 위해 끝없이 전화를 돌린다(졸업생들의 기부 비율이 랭킹을 정하는 통계에 중요하기 때문이다). 이제 대학은 판매 가치가 있는 상품을 만들어내는 것뿐만 아니라, 그 자체가 상품이 되어 브랜드 경쟁을 하고 그 가치를 지키기 위해 몰두한다. 미국의 대학들 사이에 경쟁력을 높이는 수단으로 비용 대비 가장 효과가 있다고 인정을 받는 방식은 캠퍼스를 아름답게 꾸미는 일이다. 방문하는 고등학교 학생들에게 깨끗하고 아름다운 캠퍼스를 보여주면 더 많은 학생들이 지원하고 결국 랭킹에 영향을 미친다는 것이다. 이는 대학의 이념이나 독특한 성향, 지향하는 가치는 사라지고, 순위 경쟁만이 남는 결과를 초래한다. 대학의 랭킹은 돈과 끊을 수 없는 연관이 있다. 돈을 더 투자하지 않으면 랭킹은 올라갈 수 없고, 랭킹이 올라가지 않으면 기부금도 줄어들게 된다. 경쟁이 독점을 낳는다는 사실은 미국의 하버드 대학의 예에서 볼 수 있다. 하버드 대학은 1980년대 이전에도 제일 많은 자산을 갖고 있었지만, 경쟁의 구도에 몰입한 후 그 자산가치는 급격하게 증가하여 현재 자산 2위인 예일 대학보다 거의 두 배나 많은 자신을 보유하고 있다.

국가보다 기업이 우선하는 자본주의 사회에서 대학은 기업의 모습을 띠게 되었고, 시장이라는 개념 속에서 정체성을 찾도록 요구받는다. 한국의 대학들은 구체적으로 산업과 협력하여 시장성을 확보하라는 압박을 받고 있고, 지금은 인문학 분야에서까지 산학협동이라는 용어가 친숙한 표현이 되어버렸다. 시장성과 생산성에 뒤떨어지는 학과나 학교는 다양한 제재를 감수해야 한다. 미국 대학들은 영리를 목적으로 삼는 기업대학에게서 시장성의 압력을 받는다. 기업대학들은 증권시장에서 거래되어, 대학의 주식을 사고 팔 수도 있다. 그 대표적인 예가 학생이 오십만 명이 넘는 영리를 목적으로 하는 피닉스 대학(Phoenix University)이다.

대학이 기업화되었다는 것은 두 가지를 의미한다. 끝없는 생산을 추구하는 것뿐만 아니라, 생산 과정을 사기업의 방식으로 관리한다는 의미를 포함한다. 교수들은 한편으로 지식을 생산하고 교육을 책임지기를 요구받으면서, 그 과정은 철저한 검증을 받는다. 최근 미국 대학에서는 '평가' (Assessment)라는 용어가 시대적 화두로 등장했다. 교육과 배움의 과정을 인격과 깨달음의 차원에서 이해하는 게 아니라, 기술적 차원에서 질적으로 양적으로 철저하게 관리하겠다는 것이다. 교수들은 수업 시간에 왜 무엇을 어떻게 가르치고, 또 어떤 결과를 기대하는지 미리 밝혀야 하고, 대학은 그 과정과 결과를 분석하여 교수들을 평가한다. 대학기업의 입장에서 교수는 생산관리직 일꾼이고, 학생은 교육의 소비자이다. 소비자들을 만족시키기 위해 교육의 내용은 품질 관리의 대상이 된다. 대학의 주체는 더 이상 교수와 학생 또 그 사이의 지적인 교류가 아니다. 기업형 행정관리 체제가 고용인인 교수와, 상품화된 지식과, 소비자인 학생을 연결하여 대학을 형성하고 있다. 학문을 추구하는 사람들의 공동체, 배움을 통해 스스로를 발견하려는 사람들의 공동체, 소비자가 아니라 진리를 추구하는 사람들의 공동체, 그런 공동체로서의 대학은 언제나 이상 속의 대학이었다. 그러나 현대 대학은 그런 이상조차도 폐기 처분한 공동체가 되어버린 느낌이다. 1980년대 이후로 대학만 변한 게 아니라 서구 문명의 한 시대가 종말을 고하고, 대학도 사회도 신자유주의로 표방되는 새로운 현실로 접어들었다.

2007년에 개봉된 〈산타는 괴로워〉(Fred Claus)라는 영화가 있다. 산타클로스가 비만으로 고생하고 있고 결혼도 했으며, 형과 부모도 있다는 설정으로 그의 복잡한 가족사를 다룬 영화이다. 산타는 북극이라는 외진 곳에서 성탄절에 아이들에게 나눠줄 장난감을 만드는 작업장을 운영한다. 여기서 흥미로운 내용이 전개된다. 북극의 장난감 공장은 언제부터인가 보이지 않는 손에 의해 지배받아왔다. 지난 몇 년 할당량을 힘들게 조달한 공장에 '효율성 전문가'(Efficiency Expert)가 나타나 간섭하기 시작하고, 그는 생산 과정에 오류가 있으면 공장을 폐쇄하겠다고 협박한다. 선물을 만들어내는 작업장은 치열하게 시간과 다투며 상품을 생산하는 공장으로 변한다. 그러나 '효율성 전문가'가 산타에게 적개심을 품은 진정한 이유는 따로 있었다. 그는 어린 시절 친구들에게 집단 따돌림을 당했고, 그 상처로 그는 슈퍼맨이 되고픈 욕망을 키운다. 성탄절을 맞아 산타에게 직접 편지까지 써가며 슈퍼맨 망토를 선물로 달라고 했으나 받지 못했다. 선물을 받지 못한 아픈 마음은 적개심과 분노로 변했고, 효율성의 전문가가 된 지금 의도적으로 산타를 괴롭히고 있는 것이었다.

여기서 현대 대학의 실상을 생각하게 된다. 대학이 이상적으로나마 유지했던 세상과의 거리는 자본주의 체제 아래 사라졌고,

이제는 효율성의 지배를 받으며 생산의 가치를 올리고 있다. 대학이 살아남으려면 그 생산성에 대한 철저한 평가를 받고 효율성 체제에 순응해야 한다. 그러나 그 영화에서 산타를 협박하는 전문가의 숨은 동기는 효율성이나 생산성이 아니라, 슈퍼맨이 되고픈 욕망과 이를 방해한 산타에 대한 적개심이었다. 착한 일을 한 아이들에게 선물을 몰래 나눠주는 산타의 작업 섭리에서 배제된 데에 대한 질투심의 발로였다. 대학을 자본주의의 도구로 만들어내겠다는 의지도 비슷한 심리 작용이었다고 볼 수 있다. 다시 말해 대학을 비판의 터전에서 자본주의에 편승해 이를 섬기는 하부조직으로 만들겠다는 의지의 배후에는, 이루지 못한 이데올로기의 욕망이 자리 잡고 있다는 것이다. 그러나 실제로 이데올로기적인 면은 자본주의가 끝없이 만들어내는 위기의식에 가려 잘 드러나지 않는다. 현재 그 위기의식은 글로벌 시대의 무한경쟁 아니면 자연도태라는 도식의 시대적 화두로 자리 잡고 있다. 대학은 그 경쟁의 도구로서 기술 교육 위주의 체제로 변모하기를 요구받고 있다.

고등교육이 기술과 직업 교육 중심으로 이루어져야 한다는 주장도 나름대로의 논리가 없는 것은 아니다. 교육을 통해 다양한 계층의 학생들에게 자본주의 시장 체제 내에서의 경제 활동 기회를 확산시키자는 의도가 그럴 듯하게 들린다. 또 그런 기회의 확산을 통해, 민주 시민 사회의 중산층을 강화하는 측면도 있다. 그러나 그런 의도적인 기술 중심의 교육이 기술자와 전문인을 양성해낼 수는 있어도, 자신의 삶과 현재의 역사를 공동체의 기억과 과거의 지혜를 통해 살피고 분석하는 지식인을 만들어내는 데는 약할 수밖에 없다. 이런 지식인보다 전문인을 요구하는 사회는 비판보다는 체제 순응을 강조하게 되고, 민주주의는 저항 의식이 사라진 상태에서 가진 자들의 행진이 될 수밖에 없다.

흔히 듣게 되는 또 다른 논리는 대학이 지식 기반 사회에서 필요로 하는 기술을 익힌 인재를 양성해, 국가 경쟁력 강화에 공헌해야 하기 때문에 철저한 경쟁과 평가의 구조로 변형되어야 한다는 것이다. 그러나 대학이 어느 나라에서든 그 사회에서 필요로 하는 인재를 양성하는 사회적 기능을 하지 않는 나라는 없다. 시대의 기술과 지식의 조건에 맞게 교육의 내용이 변하는 것은 당연하다. 하지만 마치 예전에는 경쟁이 없었던 것처럼 새로운 총체적인 경쟁의 논리를 통해서만 그와 같은 교육이 가능하다는 논리는 이 시대의 관념적 자화상에 불과하다.

이미 많은 대학이 기업화되어버린 상황에서 대학이 기업화되어서는 안 된다는 말을 하는 이유는 무엇인가? 그 이유를 간단히 말하자면 기업이 곧 국가라 할 수 있을 정도로 절대적인 권력으로 등장한 자본주의 사회에서, 그 영향력에서 어느 정도 자유로울 수 있는 비판적 배움의 공간이 있어야 하기 때문이다. 옛 서구 사회에서는 이상적으로나마 그 역할을 교회에서 감당했다. 교회가 그 역할을 할 수 없는 세속 사회에서, 대학이 그 기능을 해온 면이 있었다. 그러나 지금은 대학이 그 기능을 하지 못할뿐더러, 대학의 그런 이상적 가치가 부정되는 시대이다. 대학의 위기나 대학의 몰락을 언급하게 되는 이유가 바로 여기에 있다.

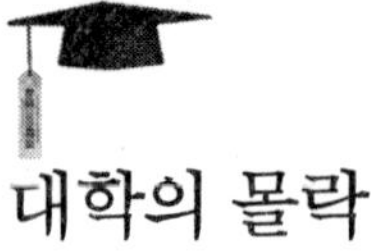

대학의 몰락

자본주의의 새로운 체제에 순응하는 대학의 모습에서 중세 서구가 남긴 최고의 유산이 몰락해가는 것을 목격할 수 있지만, 대학의 몰락을 재촉하는 또 다른 이유를 현대 사회의 특성과 최근 인문학의 경향에서도 찾을 수 있다. 실제로 현대 사회에서 대학은 더 이상 특별한 지식과 담론의 현장이 아니다. 한 세대 전 미국을 예로 들어보면, 대학은 전문적인 지식을 지닌 성숙한 인간이 되기 위한 필수적인 관문이었다. 대학을 가야만 접할 수 있는 지식과 문화의 세계가 있었고 대학에 가야만 참여할 수 있는 토론과 논쟁의 공간이 있었다. 그러나 인터넷으로 대변되는 디지털 혁명은 지식과 문화와 논쟁을 누구나 쉽게 접할 수 있게 만들었다. 모든 지식은 컴퓨터 키보드 뒤에서 눈을 껌뻑이며, 입력만을 기다리고 있다. 실제로 대학이 독점하다시피 한 '지식의 실천 공간'이라는 역할은 이제 끝났다고 보아야 한다. 한편 지식과 담론의 보편화는 젊은이들이 정보화된 지식을 손쉽게 접하게 만들었지만, 이를 통해 깊이 있는 인간을 만들어내지는 못했다. 오히려 자신의 욕구에 대한 순간적인 만족에 익숙해, 모든 것을 쉽게 생각하고 쉬운 것을 찾게 된다. 인식의 기준이 낮아지고, 일 아니면 놀이가 삶의 두 선택이 된다. 이 시대에 지식의 전파라는 대학의 사회적 기능은 더 이상 대학이 책임져야 할 몫은 아니다. 그러나 민주사회에 주인 의식을 갖고 참여할 수 있는, 사유하는 인간이 절실히 요구되는 이 시대에, 많은 대학이 정보화된 지식과 기술적 사고의 상업성에 몰두하여 이 요구에 대한 책임을 등한시하고 있는 것은 아이러니가 아닐 수 없다.

현대 서구 사회에서 대학의 몰락을 기업자본주의라는 외적 요인과 이를 큰 비판 없이 수용한 대학의 탓으로 돌리기는 쉬워도, 인문학 내부에서 그 요인을 찾는 것은 쉽지 않을 수 있다. 학문의 전개는 사회의 상황을 배경으로 하고 그에 대한 성찰과 이해를 포함하지만, 1960년대 이후 서구 인문학이 전개된 모습이 대학에 대한 불신을 유발했다는 사실은 부인할 수 없다. 1960년대 초반으로 돌아가보자. 그 시기는 실존주의 사상이 구조주의 사상에 밀려 역사의 뒤편으로 사라지는 무렵이었고, 이후 이성과 감성과 경험의 주체인 인간은 서구 인문학의 주된 관심에서 소외된다. 인간을 대체한 것은 무의식, 욕망, 언어, 구조 등이었다. 이것은 인간을 언어나 심리나 사회적인 조건만으로도 충분히 이해할 수 있다는 자신감이기도 했다. 여기서 휴머니즘은 형이상학이 되어 비판을 받고, 마르크스주의적 철학은 인간 해방의 실천이 아니라 과학적 이론이 되었다. 역사는 주체적 인간 없이 이해되어야 할 주제였고, 인간의 종말은 신의 죽음을 완성시키는 과정이었다. 인간은 극복의 대상이 되었다. 당시에는 'Humanities'(인문학)이라는 용어도 구태의연하고, 보수적인 학자들의 서구 중심 사고의 연장으로 보였다. 인간은 통합된 주체적 자아가 아니라, 분열된 의식의 산물로 이해되었다. 이 비판은 서구 남성 중심의 인간 이해에 대한 비판이기도 했지만, 인간 혹은 인간성에 대한 성찰 그 자체가 사라지는 결과를 가져온 건 마찬가지였다. 이런 변화는 철학적 이해가 분명 가능하지만, 정치적으로 보면 냉전 체제에 갇혀 인간은 사라지고 이데올로기만 남았던 것처럼 보였던 시대의 산물이었다. 1980년대 이후 해체론이나 포스트모던 논쟁이 서구 사상의 탈인간화에 공헌을 한 면이 분명히 있다고 보아야 한다. 계몽주의 사상의 폐해를 비판하고 합리주의 이성의 한계를 지적하자는 의도가 있었으나, 결국 그 대상은 인간이었다. 인간 없이 이성이 존재하는 것처럼 이성 예찬론을 벌인 서구 사상의 오류도 지적해야 하지만, 구체적인 인간은 빼고 이성만의 비판이 가능하다고 보는 시각도 문제를 삼아야 한다.

이 문제를 근대와 포스트모던의 인간 문제로 본 사람은 레비나스였다. 실종된 인간을 어떻게 찾을 것인가? 레비나스는 그것이 타인, 타인의 부름을 통해서만 가능하다고 보았다. 그의 진단은 파산한 휴머니즘 속에서 Being(존재)이라는 개념을 통해 인간의 의미를 지키려는 하이데거를 비판한 것이었다. 그러나 인간의 문제를 아직도 억압과 고난 그리고 해방을 위한 몸부림으로 보고, 1960, 70년대 서구 사상의 허구성을 고발한 것은 남미에서 출발한 해방의 철학과 신학이었다.

서구 인문학의 이런 발전이 기존 학문의 역사와 고전을 읽는 데도 큰 영향을 미쳤다. 고전의 개념을 인간이 남긴 큰 이상의 발자취로 보지 않고 권력과 특권과 차별의 역사의 흔적으로 보고, 고전을 통해 나를 읽는다는 해석학보다 방법론의 적용을 통해 텍스트로서의 고전 이해를 우선시했다. "텍스트 밖에는 아무것도 없다," "저자는 죽었다," "의미는 없다"와 같은 1980년대 인문학의 화두들은 상아탑의 허무주의를 연상시키기에 충분했다. 데리다의 강력한 부정에도 불구하고 그의 해체론은 현대 인문학이 빠진 자아도취의 대표적인 예로 알려졌다. 그런 이해는 언론이나 대학 밖의 인식만은 아니었다. 1992년 데리다가 케임브리지 대학에서 명예 학위를 받는 과정에서 일어났던 반대 여론은 이를 증명해준다. 당시 미국의 대표적인 철학자 콰인(W. V. Quine)까지 동참해 많은 철학자들이 공개적인 반대 성명서를 냈었다. 데리다의 철학을 철학이라고 하기엔 명확함과 엄밀함이 부족하다는 것이다. 그의 글은 기존의 학문적 글쓰기의 가치를 무시한 모호함의 극치일 뿐 아니라, 어렵게 표면을 뚫고 들어가면 이성과 진리에 대한 공격으로 가득 찬 경박한 내용이기 때문에 명예 학위를 줄만한 업적이 아니라는 것이었다. 데리다의 입장에서 억울한 일이지만, 데리다의 철학과 프랑스 '이론'의 영향력이 서구 대학에 급속도로 확산되고 있는 가운데, 대학이 서구 학문 전통의 가치를 지키지 못하고, 상대주의와 허무주의를 학생들의 의식 속에 심고 있다는 인식이 사회에 팽배해 있었고, 대학이라는 학문 기관의 비사회성, 반이성적인 경향을 곱지 않은 시선으로 바라보는 미국 사회의 지도자들이 늘어났다. 대학을 다룬 책으로 공전의 베스트셀러가 된 알렌 블룸의 『미국 정신의 닫힘』(*Closing of the American Mind*)은 바로 그런 비판적 분위기를 대변한 것이었다. 그는 '인간은 없다'는 지적 분위기 속에서 영혼의 살찌움을 주장하고 플라톤의 이상을 되찾아 대학의 사명을 다해야 한다는 주장을 펼쳤다.

실제로 1970, 80년대 미국에서 인문학(Humanities)에 대한 애착으로 고전교육과 교양교육이 현대에도 유효하다는 것을 주장한 학자들은 대개 보수적 성향의 학자들이었다. 그들의 주장은 근본적으로 옳은 것이었지만, 이념 논쟁에서 자유로운 학문론은 아니었다. 고전교육의 필요를 설파하는 것을 인간 이해에 필요한 철학과 신학의 중요성을 강조하는 것으로 끝내지 않고, 서구 사상과 자유주의와 자본주의의 필연성과 우수성으로 연결시켰다. 아프리카에 톨스토이와 같은 작가가 있었는가? 혹은 동양의 사상이 자유민주주의의 근거가 될 수 있는가? 등의 편협한 논리를 펼친 것을 예로 들 수 있다. 이런 보수적인 사상의 정치적 표현 중 하나가 '네오콘' 으로 불리는 신보수주의 운동이었다.

이런 인문학의 무절제한 논리의 전개는 구체적인 인간 특히 고난 가운데 살고 있는 인간을 도외시했다는 비판을 벗어날 수 없었다. 포스트모던의 담론이 극단성을 띠고 있다는 것은 미국의 물리학자 알란 소컬(Alan Sokal)에 의해 폭로되고 만다. 그는 과학의 합리성까지도 상대주의와 헤게모니의 논리로 이해하고, 이성을 사회적인 현상으로 보는 시각이 포스트모던이란 이름으로 유행하게 된 현실의 허구성을 드러내기 위해, 당시 그 현상을 주도하던 저널 〈소셜 텍스트〉(*Social Text*, 1996)에 의도적으로 풍자적인 글을 쓴다. 물리적인 세계도 사회적인 세상만큼이나 언어적으로 또 사회적으로 생성된 것이란 상식 밖의 글과, 과학이 발견한 기본적인 진리도 문화상대주의의 한계가 있다는 식의 난센스를 난해한 언어로 포장해 쓴 글은 가치가 있는 것으로 인정받아 게재된다. 말에 취해 의미와 상식을 포기한 포스트모던 사상의 위선을 폭로한다는 그의 의도는 적중했다. 소컬의 사건이 당시 미국 대학에서 유행하던 포스트모던 인문학에 던진 충격은 매우 컸다. 대학 내부에서는 그 후 인문학 글쓰기에 대한 반성의 바람이 불기도 했다. 그러나 대학을 청산해야 할 좌파 지식인들의 피난처로 느끼고 있던 사람들에게,

그 사건은 프랑스에서 수입된 포스트모던 사상이 의심했던 대로 말장난에 불과했다는 사실을 확인해주었고, 대학의 인문학에 대한 불신을 확대시키는 결과를 가져왔다.

그 후 난해한 언어의 사용과 새로운 용어의 개발을 인문학의 필연적 특권이라 여겼던 부류들은 비판을 받게 됐다. 대학의 인문학이 경험이 빠진 수사학적 논리만을 내세우는 경향이 있었고, 그 인문학이 '그들만의 잔치'가 되었다는 것은 부정할 수 없다. 동구권 몰락 이후의 시대적 정체성을 제대로 파악하지 못하는 상황에서 인문학이 표류하던 상황이라 볼 수 있고, 그런 담론이 결국 자본주의 문화 논리에 상응한다는 비판도 정당한 것이다. 이런 상황은 대학의 인문학이 스스로를 소외시켰고, 따라서 신자유주의 체제로 재편되어가는 대학 안에서 실질적인 비판을 할 역량을 잃었다고 볼 수 있다.

그렇다고 대학 내의 자연과학 분야의 연구가 진리와 학문을 추구하는 대학의 이상을 지켜왔다는 것은 아니다. 특히 미국 대학의 눈부신 발전은 냉전 시대의 군수 산업 지원을 위한 연구와 끊을 수 없는 관계가 있다는 것은 많이 알려진 사실이다. 당시의 대학이 국가 경쟁 체제의 한 축을 담당했다면, 최근에는 우수한 대학으로 인정받기 위해 기업과 산업의 연구를 경쟁적으로 맡아 하고 있다. 인간이 자본가와 소비자로 이분화된 상태에서 자본과 소비의 해답만이 모든 것의 기준이 된 상태이다.

대학이 몰락하는 역사에서 인문학 내부에서 체득한 한 용어가 있다. 자연과학에서 도입된 '리서치'라는 개념이다. 현대의 종합대학들은 대개 리서치 대학임을 표방하고, 교수들의 학문적 행위를 일률적으로 리서치라는 말로 표현하는 경향이 있다. 대학이 왜 그리고 언제부터 지식과의 관계를 리서치라는 개념으로 이해하게 되었는지도 알아야 한다. 미국에서도 인문학 책을 읽고 생각하는 과정을 리서치란 말로 표현하는 경우가 많은데, 기술적인 사고와 증명과 증거를 바탕으로 새것을 추구하는 리서치는 인문학의 고유한 양식이라 할 수 없다. 인문학 공부를 나타내는 말로 '학문'이라는 옛 표현이, 영어로는 'Scholarship'이란 표현이 더 적합하다. 인문이라는 학문의 언어는 원래 고백과 증언의 언어였다. Professor(교수)와 Professional(전문인)의 임무는 Profess(공언, 고백)하는 데에서 출발한다. 인문학에서 Professor의 원래적인 의미는 지식의 창출이나 기술적 능력과 관계가 없는 것이었다. 고백적 증언은 계산으로 그 가치를 따질 수 없다. 또 그 진리를 명확한 증거로 구분할 수 없다. 신뢰라는 뜻의 Trust는 옳다는 뜻의 True와 어원이 동일하다. Professor가 Researcher로 이해될 때, 인문학은 형식에 매이게 된다. 각주를 제대로 달고, 인용을 어떻게 하느냐가 인문학의 기초가 되고 Trust와 True의 기준으로 전락하기도 한다. 그 작업을 제대로 하지 못하면 표절(Plagiarism)이란 최악의 죄를 범하게 된다.

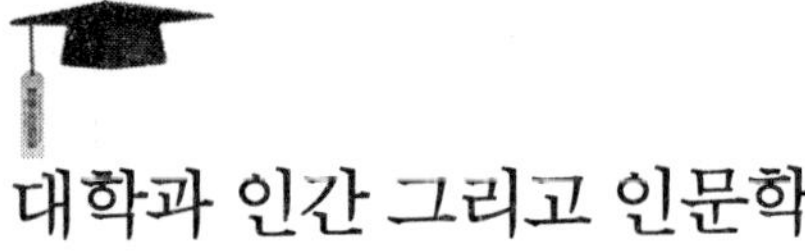

대학과 인간 그리고 인문학

현대 서구 인문학에서 인간을 깊이 있는 이해를 필요로 하는 존재로 보지 않는다는 지적은 인간에 대한 연구가 부족하다는 말과는 다르다. 실제로 존재의 신비로 남겨두었던 부분까지 유전자 공학을 통해 낱낱이 파악되는 등, 현대 과학의 여러 분야에서 인간은 분야별로 엄청난 양의 분석의 대상이 되고 있다. 분석은 진단을 낳게 되고, 진단은 치유를 요구하게 된다. 인간이 의식과 언어의 주체로서 역할을 하지 못할 때, 피동적으로 그 미래가 이미 숙명적으로 결정된 동물로 인식된다. 이 시대 인간의 분열된 자아를 정신분열 증상으로 비유하는 것도 이런 맥락을 배경으로 한다. 인문학은 인간에 대한 깊이 있는 이해를 목적으로 하고, 인간의 문제를 총체적으로 다루는 것을 지향한다. 인문학이 그 역할을 다하려면 인간의 문제로 되돌아가야 한다. 언어가 주체가 되기 이전의 인간, 무의식 이전의 인간, 욕망 이전의 인간이란 무엇인가 하는 문제로 고민해야 한다. 아니면 최소한 그런 인간을 이 시대에 말할 수 있는지 물어야 한다. 인문학은 인간이 짊어진 삶과 역사의 무게를 다루는 학문이다. 고통과 고뇌를 감내하고 불의에 저항하고 때로는 타협하며 미래를 고민하는 인간의 모습은 DNA 분석으로 끝나지 않는다. 역사 이후를 논하고, 인간 이후의 시대를 역설해도 인간은 여전히 문제로 남는다.

최근 포스트휴먼(Post-human) 시대에 살고 있다는 말을 자주 듣는다. 환경과 동물에 대한 관심이 이 시대에 높아지는 건 당연하다. 인류의 지속적인 생존을 위해서라도 환경과 자연 문제의 시급한 면을 인식해야 하고, 동물을 소유와 지배의 관점이 아닌 새로운 관계에서 보아야 할 필요도 분명히 있다. 그러나 최근의 경향에서는 마치 인간적인 것에 대한 의미나 문제는 이미 결론이 났거나 해결을 보았음을 전제한다는 느낌을 받는다. 제도와 구조, 보험과 연금, 병원과 법원 사이에서 인간은 사라지고, 어떻게 인간을 관리하고 운영하느냐만 남았다는 것이다. 인간이 지고 살아온 생의 짐은 종교의 문제 아니면 제도의 문제로 취급받고 있다. 생명에 대해 깊이 고민하지 않은 사람도 교육받은 인간으로 인정받을 수 있다는 생각은 비교적 최근의 현상이지만, 이 시대 자화상의 일부인 것은 분명하다. 무엇을 하며 어떻게 살아야 할 것인가라는 고전적인 질문은, 소비자의 선택만을 강요하는 현대 사회에서 고리타분한 질문의 전형이 되어버렸다.

서구 철학에서 이런 현상에 대한 비판은 흔치 않지만, 이 책에서 다루는 인물들을 중심으로 세 가지 반응을 간단히 나열할 수 있다. 신학적 감동으로 타인을 통해 정당성을 되찾은 이성으로 인간의 가치를 재구성했던 레비나스가 그중 한 명이다. 블룸은 영혼이라는 현대에서 생소한 개념을 전제하고 이성적 사유가 인간의 본질에 속한다는 논지를 펼치며, 플라톤 철학의 현대적 의미를 주장했다. 또 아리스토텔레스 철학과 중세 가톨릭 신학의 전통을 되살려, 인간은 덕을 지향하는 목적의식이 있는 것으로 보고 대학을 그 덕의 현대적 의미를 추구하고 가르치는 곳으로 본 매킨타이어가 있다. 이 세 사람은 각기 다른 견해에서 인간의 문제를 직시하는 인문학을 추구했다.

이 시대 인간 조건과 인간 문제의 철학적 의미를 추구하는 인문학 본연의 자세를 어떻게 구현해야 하고 또 그것이 대학에 어떤 영향을 미칠 수 있는지는 쉽게 알 수 없다. 그러나 이 시대에 대학의 미래와 인간의 미래를 연관시켜 생각하는 것은 필수적이라 생각한다. 대학의 사명이 있다면 그것은 사유에 대한 신뢰, 사유의 필요와 가능성에 대한 신뢰를 확장하는 것이다. 그 신뢰는 현재의 상황이 그와 같은 신뢰를 쉽게 용납하지 않는다는 점에서 가치를 갖는다. 그 신뢰는 인간에 대한 신뢰이다. 대학은 인간의 문제를 대학 정신의 핵심적인 요소로 받아들여야 한다. 지식과 과학의 추구로는 정리될 수 없는 인간의 현상을 인문학의 끝없는 고민의 대상으로 인정해야 한다. 인간의 문제는 더 편리하게 오래 사는 문제로만 국한되지 않는다. 거짓과 불의와 억압과 고통 속에서 신음하고 있는 인간은 과거에만 있지 않고 현대에도 분명히 존재한다. 자본주의의 생산성이 이 문제를 해결해주지 못한다. 인간 개개인의 미래는 그들이 속한 체제의 미래와 분리될 수 없다. 인문학적 소양은 민주적인 사회에 필수적이다. 군주 시대에는 왕을 비롯한 지극히 소수의 사람만 체계적인 교육을 받아도 한 나라를 제대로 움직일 수 있었다. 민주주의를 표방하는 사회는 그 교육의 책임을 모든 사람이 짊어지지 않으면 안 된다. 한 개인의 의미 있는 주권 행사는 그 시대의 상황을 역사적 배경에서 이해하고 이를 이성적으로 분석할 수 있을 때 가능하다. 이것은 자신의 경제적 이익과도 반대되는 주권 행사를 막는 유일한 길이기도 하다. 인문의 가치에 대한 신뢰가 사라지는 것과 자본주의 체제가 완성되어가는 과정은 분리될 수 없고, 이러한 시대에 대학이 몰락의 길을 걷는 것은 당연한 결과라 할 수 있다.

인문학은 이 시대에 어떻게 가능한가? 그 가능성의 방식은 어느 시대나 동일하다. 인문학의 미래와 인간의 미래의 연관성을 항상 되새김하는 것이다. 그 연관성은 언제나 불투명하다. 다만 인문학이 인간의 미래를 생각한다는 것이고, 그 생각을 말과 글로 표현한다는 것이다. 따라서 인문학의 근거는 인간뿐만 아니라 언어도 포함한다. 언어는 지식이나 관계를 매개하는 양식이 아니라, 인간적 존재의 양식이라고까지 큰 의미에서 표현할 수 있다. 방법론의 언어나 수리적 용어로는 인문학의 역할을 다 할 수 없는 것도 이 때문이다. 인문학이 인간에 대해 갖는 관심은 시대의 흐름에 대해 그 정당성을 언제나 새롭게 묻는 관심과 같다. 인간을 도구로, 자원으로 그리고 기술적으로 읽는 시대를 고전을 통해 다시 읽는다. 인문학의 의미와 양상은 당연히 나라마다 차이가 있다. 미국은 서구의 전통을 이어받았지만 인문학의 전통이 영국이나 독일과 다르고, 동아시아의 지적 전통의 선상에 서 있는 한국이 인식의 지평과 그 지원에서 서구의 전통을 이어받은 사회와 달라야 함은 물론이다. 이런 인문학의 중요성을 겉으로 무시하는 대학은 없다. 많은 경우 말없이 없어지길 바라는 침묵의 기다림이 있을 따름이다. 이 침묵은 암묵적인 합의가 되어 대학과 학문과 인간의 관계를 회피하게 만들고, 대학을 정신적으로 빈곤하게 만든다.

서구 인문학에서 인간의 문제를 회복해야 한다는 제안은 그 인문학에 대한 비판이기도 하다. 그렇다고 해도 그 문제를 어디서 어떻게 다뤄야 할지는 분명하지 않다. 일차적인 방식 중에 하나는 역사 속에서 놓친 가능성과 오해의 순간들을 찾아 그 역사를 폭넓게 이해하는 일이다. 앞서 언급한 프랑스 중심의 20세기 사상사에서 그 한 순간을 엿볼 수 있다. 곧 하이데거와 휴머니즘의 관계를 두고 프랑스에서 일어난 일련의 사건들이다.

참혹한 2차 세계 대전이 끝난 직후, 유럽인들은 서구 휴머니즘의 인본주의가 더 이상 의미가 없음을 느끼고 있었다. 당시 프랑스의 대표적인 철학자 사르트르는 '실존주의는 휴머니즘' 이라는 유명한 선언을 했고, 그의 무신론적 실존주의에 반감을 느끼던 이들은 하이데거의 반응을 궁금해 했다. 하이데거는 "휴머니즘에 대한 편지" (Letter on 'Humanism')라는 글에 그의 답변을 실었다. 그의 사상이 프랑스에 아직 잘 소개되지 않았던 상태에서 이 글은 프랑스에서 매우 큰 파장을 일으켰다. 하이데거는 자신의 철학을 실존주의로 이해하는 것을 경계하면서, 이미 정해놓은 세계관 속에서 인간의 한 면만을 강조해 의미를 부여하는 휴머니즘에 분명한 반대를 표시했다. 그에 따르면 동물과 구분되는 인간성을 추구한 로마 시대의 인본주의와 마르크스주의의 사회적 인간성의 인본주의뿐만 아니라, 신과의 관계 속에서의 인간을 상정한 기독교나 합리적인 동물로서 인간을 규정한 근대 철학이 모두 휴머니즘에 속한다. 하이데거에게 이런 휴머니즘의 문제는 극복해야 할 형이상학에서 출발하기 때문이었다. 그리고 '언어는 존재의 집이고, 인간은 언어 속에 거주한다' 는 유명한 말까지 하게 된다. 이런 하이데거의 사상은 실존주의의 주체성에 회의를 느끼고, 인간 중심의 휴머니즘이 문제의 일부라고 인식하며, 형이상학을 극복해야 한다고 생각하던 프랑스 지식인들에게 당위성을 제공해주었다. 하이데거는 곧바로 프랑스에서 가장 영향력 있는 시대의 지성으로 등장하게 되었다. 이와 같은 시기에 구조로 인간을 극복하자는 움직임도 확산되어 70년대와 80년대를 맞게 된 것이다. 그러나 하이데거를 반휴머니즘의 영웅으로 보는 것은 잘못된 이해였다. 모든 휴머니즘이 잘못된 근거를 갖고 있다는 비판은 했어도, 하이데거에게 인간은 극복의 대상은 아니었다.

하이데거는 휴머니즘이 초월과 진리의 열린 길목에 서 있는 인간의 본질을 파악하지 못한 것으로 여기고 그 부족함을 지적한 것이다. 그에게 휴머니즘의 문제는 인간의 본질을 기술적이고 결과론적인 차원에서 이해한다는 것이었고, 그의 질문은 그 본질을 어떻게 하면 바르게 이해할 수 있는가에 있었다. 실제로 하이데거는 그의 난해한 철학 전체를 통해 인간에 대한 바른 이해가 무엇인지를 묻고 있다. 그의 초기 철학에서는 '죽음'이 크게 부각되었고, 후기에는 '존재'(Being)와 분리될 수 없는 인간 이해가 등장했다. '존재'의 의미를 간접적으로나마 설명하자면, 인간을 기능적이고 기술적인 방식과 가치로 이해하는 것에 반대하고, '있음'과 '주어짐'을 망각한 인간 이해는 올바르지 못하다는 것이다. 그의 잘못은 인간적인 것과 인간의 차원을 기술의 지배로부터 지켜낸다는 그의 신념 때문에, 과도한 집착과 철학적 엄숙함에 빠져서 더 기초적인 윤리적 판단을 하지 못하고, 나치 운동에 가담한다.

하이데거에게 대학은 바로 이런 인간의 이해가 지켜지는 곳이다. 1930년대 독일의 대학은 이미 산업과 생산의 도구로 전락하고 있었고, 인문학의 가치를 재발견한다는 것은 대학의 개혁을 의미했다. 하이데거는 대학을 개혁하여 독일 사회 전체를 변화시키겠다는 비전을 세우고 있었다. 그의 대학론의 문제는 제3장 '대학과 철학'에서 더 다루겠지만, 그가 추구했던 인간과 철학과 대학의 관계는 '인간'을 다시 보려는 인문학이 살펴보아야 할 부분으로 생각한다.

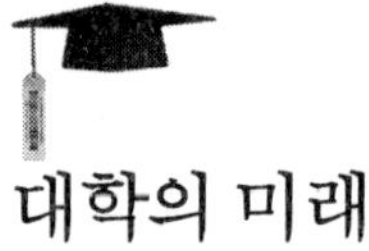

대학의 미래

현재의 실상을 떠난 대학의 미래는 없다. 그 현재의 모습이 대학이 몰락하는 과정이라면, 대학의 미래는 아무리 긍정적으로 보아도 암울한 것이다. 소위 경쟁력이 있다고 하는 대학들은 앞으로도 기업자본주의의 한 축으로 지식을 생산하고 판매하는 백화점으로 지속적으로 성장할 것이다. 그러나 대학이 성찰과 비판의 공간으로, 지식을 통해 진리를 추구하고, 그 진리의 덕목으로 인간을 형성하는 사명을 말한다면, 그런 사명을 더 이상 수행할 의지가 없는 대학을 '대학' 이라는 이름으로 불러야 할 것인가 고민해야 한다. 만약 그런 고민이 부담이 된다면, 최소한 자본주의와 같은 이념하에서 대학이 어떤 공간이어야 하는가에 대한 질문이라도 꾸준히 내놓아야 한다.

미국은 그나마 대학의 역사가 오래된 만큼 다양한 모델의 대학을 발전시켜왔기 때문에 그런 문제의식을 갖기 용의하다. 특히 서구 고전 중심의 학부교육을 하는 대학들과 개신교 종파정신으로 무장한 대학들은, 대부분 큰 자산은 갖고 있지 않지만, 그런 대학이 현재 존재하고 있다는 사실만으로도 이 시대에 대학이란 무엇인가 하는 중요한 화두를 던진다. 반면에 한국의 대학은 다양한 대학의 모델로 시작했지만, 현재는 한 가지 모델로 통합되어 신자유주의 정책에 편승하기도 하고, 타협하기도 하는 등 힘든 싸움을 벌이고 있다. 따라서 대학의 전통이나 사명에 대한 문제를 제기한다는 것 자체가 대학의 현실과 동떨어진 것이라는 느낌도 받는다.

대학의 자유는 시대와 비판적 거리를 유지하는 데에서 출발한다는 생각은, 그 현실성을 의심하더라도 가치 있는 것이다. 이상을 잃은 대학은 대학이 아니라고 전제한다면, 과연 이 시대에 그런 비현실적인 대학이 어떻게 존재할 수 있는지 그 조건을 들어보자. 기업 정신이 마치 인류의 숭고한 정신 유산인 것처럼 이해되고, 또 그렇게 믿기를 강요하는 시대에, 대학은 그 정신의 역사와 한계를 말할 수 있어야 한다. 기업의 정신을 멀리하는 대학은 어떤 대학인가? 건물 건축을 성장이라고 생각하지 않는 대학, 투자를 통한 자산 증식을 대학의 일이 아니라 생각하는 대학, 학생들의 지적인 성장과 인격 형성을 제일 중요하게 생각하는 대학, 수치와 소문을 통계 내어 대학을 평가하는 행태를 거부하는 대학, 사실과 가치만을 말하지 않고 진리도 생각해보려는 의지가 있는 대학을 생각할 수 있다. 즉 가난함을 두려워하지 않고, 이 시대의 이단이 될 의지가 있는 대학이다. 그런 대학은 아마 없을 것이다. 그러나 그렇기 때문에 더 필요한 것이라고도 주장할 수 있다. 이런 이상이 대학의 본질과 관계 있고 그런 대학이 사회에 필요하다면, 제도와 건물 밖의 대학을 충분히 생각해볼 수 있다. 대학의 미래와 미래의 대학은 분명히 다르다. 대학의 미래가 암울하더라도, 실제로 미래에 있을 대학이 어떠한 곳일지는 아무도 모른다. 대학이 유니벌시티(University)의 제도를 벗어나야만 참다운 대학(大學)이 될 수 있을지도 모른다.

제2장

대학의 역사에서

이 장은 대학의 역사를 읽으면서 나의 눈길을 끈 사건들과 인물들에 대한 고찰이다. 중세 대학의 출발을 시작으로 한국 대학의 역사까지 다뤘지만, 사상사적인 흐름을 중심으로 풀어낸 글이고, 이 책의 논지와 연관이 있는 내용들을 다뤘다.

대학의 출발

서구의 대학은 학문이나 과학 또는 자유와 같은 높은 이상을 품고 시작하지 않았다. 또 고등교육 기관을 만들어 최고의 배움을 추구하자는 의도나 계획을 통해 시작한 것도 아니었다. 다만 11세기와 12세기의 사회 경제의 변화에 따른 시대의 흐름 속에서 글을 배우고자 하는 사람들이 늘어나며 자연스럽게 생겨나기 시작했다. 유니벌시티(University)라는 용어도 '조합'이라는 뜻으로, 기초 학문을 배우고 가르치는 사람들의 연합을 의미한다. 이렇게 시작한 대학은 곧 제도와 학문의 내용에서 체계를 갖추고 학생을 선별하여 입학시키고 통일된 학위를 수여하면서 학문의 전당으로 자리매김을 하게 된다.

현대 대학의 위기를 논하면서 중세의 대학을 말하는 데에는 몇 가지 중요한 이유가 있다. 첫째로 University라는 중세의 이름이 아직 살아 있기 때문이다. 중세 유럽의 제도가 세계 모든 나라의 고등교육 제도가 되어 있을 뿐 아니라, 모든 대학이 그들의 제도적·학문적 뿌리가 중세 대학에 있다고 고백하고 있다. 별 의도 없이 한 시대의 어수선함 속에서 소박하게 출발한 서구의 대학이 당시로선 더 높은 문명을 자랑하던 나라들의 고등교육까지 담당하게 되리란 생각은 당시 아무도 하지 못했을 것이다. 유럽에서 먼 한국의 대학에서도 한자가 아니라 '진리'(Veritas) 또는 '지식'(Scientia) 등의 라틴어로 모토를 삼는 경우가 흔하다. 졸업식 때 가운을 입고, 대학의 건물도 중세의 건축 양식을 선호하는 것도 그 암묵적 고백의 일부라 할 수 있다. 외형적인 것을 넘어서, 학사, 석사, 박사라는 학위의 이름은 물론 어디서나 인정해주는 학위를 수여하는 제도, 그리고 '강의'(Lecture)나 '강의계획서'(Syllabus)를 통한 강의 방식까지도 그 개념에서 보면 중세 대학의 유산으로, 800년 넘는 서구 대학의 역사에서 지속적으로 유지되고 있다. 넓게 보면 대학이 서구 문명의 정신사를 대변한다고도 할 수 있고, 한국을 비롯한 서양 밖의 모든 대학도 그 제도권 안에 존재한다고 볼 수 있다. 대학이란 제도가 전 세계적으로 보편화되어 있는 상황에서 그 뿌리를 따지는 게 무의미할지도 모르지만, 대학의 현대적 상황과 위기를 생각할 때 그 역사와 한계를 살펴보지 않을 수 없다. 그리고 한국과 같은 비서구권에서의 논의는 대학이라는 이질적인 문화가 수입되어 오면서 어떤 사회적 역할을 했는지, 학문적 차원에서 대안은 없었는지를 숙고해보는 과정을 밟아야 한다.

학문과 배움이 믿음에서 출발한다는 명제하에 그리고 좀 더 넓은 관점을 얻기 위해 중세의 한 대학을 조선의 성균관과 간단히 비교해볼 수 있다. 근대 이전의 대학 모델이라고 할 수 있는 성균관과 옥스퍼드 대학은 사회적 역할 차원에서 유사한 점이 많다. 종교와 세속이란 구분이 세상 어디에도 없었던 시대에 세워졌던 고등교육 기관이었기 때문에, 그곳에서 배출된 인재들이 종교와 정치의 지도자가 되는 것은 당연한 일이었다. 교육의 내용도 신학과 유학이라는 큰 틀에서 정해진 것이었다. 하지만 성균관이 학문의 공간이었지만 공자를 비롯한 유가의 성인들에 대한 제사를 지내는 임무가 무엇보다 중요했기 때문에, 중세 옥스퍼드와는 역할이 달랐다고도 볼 수 있다. 그러나 중세 대학의 모습을 좀 살펴보면 배움과 섬김의 구분이 흐려지는 것을 알 수 있다. 매일 예배에 참석하는 것이 학생의 의무였고 학문에서도 믿음의 궁극적인 우선성이 지켜졌으며, 기도와 성만찬은 대학 생활의 일부였고, 죽은 성인들에 대한 기도와 예식도 그 생활에서 빠지지 않았다. 시대의 중심적 가치를 가르치고 지키는 게 대학의 역할이었다. 그 과정에서 예배와 제사는 배움과 동떨어진 것이 아니었다. 성균관이나 옥스퍼드와 같은 근대 이전의 교육제도에서 배움은 과거를 기억하는 행위였고 의식(儀式)적인 차원을 포함하였으며, 섬김을 수반하는 것이었다.

중세의 대학과 조선 시대의 성균관을 비교하는 이유는 교육과 믿음, 배움과 섬김이 함께한다는 것을 강조하고, 제도와 역할면에서 비교가 가능하다는 것을 시사하려는 것이다. 워낙 동떨어진 문화권의 제도들이었기 때문에 비교가 불가능한 면도 많음은 당연하다. 그러나 그 차이를 너무 확대해서 해석한 경우도 있다. "고대 동양의 고등교육기관의 관(官)주도에 의한 관리양성이나 개인의 입신양명적 출세의 욕망 충족을 위한 교육과는 대조적으로, [중세 대학은] 가르치고자 하는 교수와 학문을 연구하고자 모여든 학생 집단에 의해서 자연발생적으로 스투디움(Studium)에 모여 순수한 학문 그 자체를 위한 이념하에 대학이 발전되었던 것이다."*

배움이 믿음에서 출발한다는 명제는 대학이 생기기 이전 서

* 김옥환, 1994. p. 28~29. 『대학론』이란 책에서 나오는 이 말은 중세 서구 대학의 시작과 발전을 너무 긍정적으로 본 표현이다. 예를 들어 성균관이 관립이었고, 파리 대학의 출발이 자연발생적이었고 사립이었다는 사실은 분명하지만, 파리 대학이 생기게 된 이유를 '순수한 학문 그 자체를 위한' 것이라고 여기기보다 공부를 가르치는 곳으로 많은 학생들이 몰려가게 된 동기를 살펴보아야 한다. 그 동기는 글과 산술의 지식을 필요로 하는 일들이 많이 생기기 시작했기 때문이었다. 그 이유 중 하나는 십자군 전쟁 등을 통해 수용된 아랍권의 앞선 문명과 이에 따른 지식의 확산과 사회의 변화는 글과 산술의 능력을 갖춘 사람을 필요로 했기 때문이었다. 글을 익히는 데 멈추지 않고 수사학과 논증학을 거쳐 신학까지 공부한 사람도 꾸준히 필요했던 이유는 단순히 글을 읽는 능력으로는 말단 관료직을 이행할 수 있지만, 위로 올라가 높은 자리일수록 중세의 세계관과 체제를 이해하는 능력을 가진 사람이 필요했기 때문이다. 당연히 신학은 그 세계관의 학문이었고, 더 나아가 그 시대의 정치학 그리고 행정학이었다. 따라서 사제의 직분은 권력을 누리는 직분이었다. 교권과 왕권이 모두 관(官)의 성격을 띠고 있던 상황에서, 교권이 인정하고 그에 의해 권위가 주어진 대학을 순수한 사학이었다고는 말할 수 없다.

구 사상의 전통에서도 볼 수 있다. 기원전 희랍 철학의 중심지들을 생각해볼 수 있다. 플라톤의 아카데미(Academy), 아리스토텔레스의 라이시움(Lyceum), 에피쿠로스의 가든(Garden), 제논의 스토아(Stoa) 등이다. 이것들을 세상 밖의 철학자들이 학생들을 모아 고고한 철학을 가르친 학교로만 단순히 생각하기 쉽다. 하지만 철학이 모든 학문을 담고 있었던 상황에서 철학을 공부한다는 것은 삶의 현실을 떠나 무위나 여가를 즐기는 행위는 아니었던 시대를 상상해보라. 최근 피에르 하도(Pierre Hadot)와 같은 철학자는 당시의 철학이 학문적 담론이 아니라, 삶을 선택하는 행위였음을 강력하게 주장했다. 철학이 대학에서 가르치고, 논문으로 표현되는 교실의 학문이 아니라, 그 학파의 독특한 철학적 삶을 선택하는 행위였다는 것이다. 철학이 삶에 영향을 미치는 과정을 현대의 차원에서 보자면, 니체나 노자의 철학을 먼저 익히고 깨달아 그에 합당한 시각을 갖고 실천의 삶을 살기로 결정하는 게 순서다.

하도가 전하는 고대 철학의 원래적인 모습은 그 반대였다. 어떤 철학에 입문한다는 것은 그 삶의 공동체에 들어간다는 것이었고, 배움으로서의 과정은 그 후의 일이었다. 배움으로서의 철학은 자기극복적인 수행의 삶을 살 수 있게 돕는 방법이었다. 플라톤이 설립한 아카데미나 제논의 스토아란 학교에 입학한다는 것은 그 학파의 세계관 우주관 신관 인간론을 따르고, 그 철학을 몸과 마음으로 익히는 영적 수련의 길로 들어간다는 헌신적이고 실존적인 결단을 의미한다. 다시 말해 아카데미에 입학한다는 것은 철학적 공부가 목적이 아니라, 현대적 표현을 빌리면 종교적 수행이 목적이었다고 할 수 있다. 그리고 이 결단은 언제나 공동체로의 입문이었다. 현대적인 생각으로 볼 때 공부는 당연히 혼자 하는 것이지만, 공부가 마음과 몸을 닦는 수양의 과정, 즉 총체적인 헌신을 의미할 때 이 공부는 공동체 안에서만 가능하다고 본 것이다. 믿음과 믿음의 공동체가 학문적 공부에 우선하고, 공부는 공동체의 이상을 체현하는 수단이었다는 것이다. 하도는 이런 학문의 전통이 중세 대학에 자리를 잡아가면서 해체되었다고 본다. 스콜라 철학이 대학 학문의 중심이 되면서 독특한 삶을 향한 수양으로서의 철학은 사라지고, 논쟁과 논증이 철학과 신학의 방법이자 내용이 되었다. 대학이란 제도는 몸과 마음의 수양을 통해 이상을 구현해낸다는 학문의 의미에서 멀어진 것이었다.

대학이 생겨나기 전 중세의 교육은 교회의 역할이었다. 12세기까지 읽고 쓰는 배움이 필요한 사람은 주로 목회자나 수도사밖에 없었다. 목회자는 예배를 드릴 때 필요한 예식을 읽을 수 있어야 했고, 수도사는 성경이나 신학 서적을 손으로 필사해 전파하는 일을 해야 했다. 이런 외적인 요인들을 통해 교육이 교회에 필요했던 이유를 설명할 수 있다. 그러나 기독교를 포함한 모든 종교가 그 종교가 속한 문화권의 배움의 산실이었다는 사실, 모든 학문이 종교적 배경을 지니고 있었다는 사실, 또한 많은 종교가 독특한 상징과 신화의 체계를 지니고 있고, 형이상학적 세계관과 인간론을 발전시킨 사실을 보면 종교와 배움 사이에는 내적인 관계가 존재한다고 여겨야 한다. 종교는 왜 교육을 필요로 하는가? 믿음은 왜 배움을 요구하는가? 이 장의 한계를 넘어서는 질문이지만, 바로 떠오르는 생각 두 가지는 믿음이 인간의 본능적인 행위가 아니라는 것과 믿음이 삶을 총괄하기 위해 하늘에서 땅까지의 모든 일들을 설명해야 하는 부담을 안고 있기에 그렇다는 것이다.

서구 역사에서 이 상황이 12세기경에 변하게 된다. 앞에서 아랍 문명이 도입되면서 지식의 지평이 넓어진 면에 대해 이야기했지만, 당시는 또한 교황권과 대립하며 왕족들이 세력을 다지는 시기였다. 행정 차원의 통치를 제대로 하려면 글을 읽고 쓰는 사람들이 필요하였다. 특히 법령을 읽고 다시 필사하는 일을 할 사람들이 절실했다. 왕족들과 같은 권력층은 사제들에게 개인 교수를 받을 수 있었지만, 중산층이나 농민 계층의 사람들은 교회나 수도원에서 배울 수밖에 없었다. 수도원 학교의 교육은 수사를 만드는 교육이었고, 라틴어 문법과 수사학을 배우고 글을 읽고 쓰게 만드는 정도였다. 글을 배우고자 하는 사람들이 늘어나면서, 수사가 되지 않을 사람들도 학생으로 받기 시작했다. 당연히 학위도 없고, 졸업도 없는 교육이었다. 또 다른 교육의 공간은 교구에 딸린 학교(Cathedral School)였고, 목회자를 양성하기 위한 학교였기에 주로 도시에 있었다. 배움의 욕구가 늘어나면서 다양한 학생들이 여러 곳에서 몰려들었다. 선생도 돈을 받고 가르치는 이들이 생겼다. 자연스럽게 한국의 사립학원처럼 학생을 두고 서로 경쟁도 하고, 실력 있는 선생에게 학생들이 몰리는 현상도 나타났다. 학생과 선생의 질이 높아지면서 지식의 전수만이 아니라, 지식을 만들어내기까지 했다. 아랍 문명을 통해 아리스토텔레스가 새롭게 유럽에 소개되었고 그의 저서를 해석하고 가르치면서, 학문의 새로운 분위기가 일어나기 시작했다. 그때까지 기독교 신학은 플라톤의 형이상학과의 대화를 통해 만들어졌다고 할 수 있다. 아리스토텔레스의 철학은 이분법적 형이상학보다 실험학, 관찰학 그리고 논리학이 중심이었다. 기독교 신학에서 관심을 둔 것은 아리스토텔레스의 논리학이었다. 그 이유는 당연히 신학적인 이유였다. 믿음이 논리적이라는 것을 증명하고, 논리학을 통해 믿음을 더 잘 이해할 수 있다는 생각을 했기 때문이다. 교구학교에서 이런 관심과 논의들이 일어나기 시작했고, 교구학교들이 커지면서 대학으로 발달하게 된다. 중세 대학으로 제일 유명한 파리 대학은 파리의 교구학교로 출발했다. 새로운 신학으로 유명해지면서 유럽 각지에서 파리로 학생들이 몰려들기 시작한다. 학생들이 많아지면서 파리의 거주민들과 마찰이 생기자, 선생들은 학생들을 체계적으로 관리하고 자신들의 이익을 지키기 위해 조합을 형성한다. 그 이름이 '유니벌시타스' (Universitas)이다.

중세 대학이 교수나 학생들의 조합으로만 남았다면 그 역사가 오래가지 않았을 것이다. 대학은 근대에 들어 국가의 이익을 대변하는 기관이 되고 국가의 보호를 받기 전까지, 몇 백 년 동안 가톨릭 교권의 후원 아래 유지되고 성장할 수 있었다. 그 후원이 없었다면 오늘날 대학이라는 교육제도는 존재하지 않을 것이다. 교황의 후원으로 지방의 관료나 왕권에 의해 학생이나 교수가 불이익을 받는 것을 막게 되었고, 오히려 조건 없는 물질적 지원을 지역 정부에서 받게 되었다. 지역 왕권의 입장에서 볼 때, 유럽 각지에서 몰려든 학생들은 지역 경제를 돕는 역할을 했지만 이질적인 문화와 언어를 도입하면서 지역 정서를 자극했을 것이다. 실제로 대학과 타운의 구분이 없는 상황에서 혈기 왕성한 어린 학생들이 난동을 부리고 달아나는 경우가 많았다. 이런 상황에서 교황은 대학을 보호하는 정책을 취했다.

중세 대학의 학생들은 이미 성직자의 권한을 지니고 있었다. 요즘은 졸업식 때만 입는 가운이 당시 학생들의 교복이었고, 성직자의 의복이었다. 학생과 마을 사람들 간의 분쟁이나 사건은 세속 법정이 아니라, 교회 내의 치리 기관이 처리하였다. 학생들에게만 특권이 주어진 것은 아니었다. 교수들에게도 학교를 자치적으로 운영할 권한을 주었다. 흔히 여기서 대학의 자율이라는 개념의 역사가 시작하는 것으로 보는데, 이것은 대학의 권위를 인정해서 치외법권적인 자율을 인정한 것이 아니라, 교황이나 그 대리인이 늘어나는 대학 내부의 사건들에 사사건건 개입하고 관여할 수 없었기 때문에 자체적으로 문제를 해결하라는 권한의 제한적 이양이라 보아야 할 것이다. 세속 권력에게는 대학을 물질적으로 지원할 의무를 부여하지만, 대학의 행정이나 학사 문제에는 관여하지 못하도록 했다.

교황이 대학을 처음 인가한 문서로 알려진 건, 12세기 초 파리 대학을 학문의 모체로 인정한 교서 Parens Scientiarum(1231)이었다. 그 교서가 나오게 된 동기는 학생들과 마을 사람들 간의 다툼으로 시작된 분쟁이 학생들의 수업 거부로 이어지면서 그 파장을 막기 위한 방책이었다. (이것을 생각하면 역설적이게도 중세의 제도화된 대학은 소란을 피우고 난동을 부렸던 학생들이 만들었다고도 할 수 있다.) 학생들과 교수들을 지역 관료나 세속 왕권의 간섭에서 보호하자는 의미가 컸으며, 진정한 권력이었던 교황으로부터의 독립이나 자율은 전혀 아니었다.

대학의 본질을 논할 때 빠지지 않는 개념은 자율과 자유이다. 흔히 공부하는 사람이 제약 없이 생각하고 말하고 글을 쓸 수 있는 자유와, 대학이 권력의 간섭 없이 스스로를 관리할 수 있는 자율을 말한다. 엄격한 의미에서 중세 대학에는 자율도 자유도 없었다고 볼 수 있다. 그런 자율이나 자유와 같은 개념들이 오히려 생소했을 것이다. 특히 대학의 자유가 믿음과 교리에까지 미칠 수는 더더욱 없었다. 수업 시간에 어려운 신학 논쟁을 벌이게 되면 항상 믿음의 우선성을 염두에 두어야 했다. 또 학문의 자유와 대학의 자율은 역사적으로도 그 출발이 다르다. 대학의 자율이란 개념이 지극히 제한적인 의미에서 중세 대학에 그 뿌리가 있다는 사실에는 이의가 없다. 어떤 의미에서든 성직자들에게 적용되지 않았던 자유라는 개념이 대학에서 공부하는 학생들과 교수들에게 연관되어 사용됐다는 사실만으로도 학문을 소중하게 여기는 교회의 전통을 읽을 수 있다. 그러나 학문의 자유라는 개념은 중세 때 나오지 않았다. 종교개혁 이후 개신교 대학의 전통에서 시작하고, 18세기 칸트의 철학과 그의 대학론으로 힘을 얻은 개념이라 할 수 있다. 여기서 학문의 자유는 개인의 양심에 의거한 신앙의 자유를 주장한 개신교의 신념과 맥락을 같이 한다.

대학이란 제도를 법제화하기 시작한 것은 개별적 사건에 대한 해결책을 내놓으면서부터였다. 1208년에 교황 인노센트 3세(Innocent III)는 대학에 대해 알려진 첫 번째 교서를 내린다. 'G' 라고만 언급된 문제 있는 교수가 있었다(Wieruszowski, p. 138). 그는 강의할 때 입는 복장이 불량했고, 강의의 순서와 방식에 문제가 있었으며, 동료 교수의 장례식에 잘 참석하지 않았다는 이유로 몇 차례 경고를 받은 뒤 파직을 당했다. 그러나 이제 복직을 요구하고 있으니, 어떤 절차를 밟아야 하는가 하는 질문에 대한 답변이었다. 교황은 진정한 뉘우침을 조건으로 복직을 허락하고, 차후에는 대학 내에서 자체적인 정책을 마련하라 명한다. 그러나 그런 명령에도 불구하고 1215년에는 교황의 특사가 또다시 개입하여 구체적인 정책을 명하게 된다. 파리 대학에서 강의하려면 스무 살 이상이어야 하고, 신학 강의를 하려면 최소한 서른다섯 살이어야 하며, 몇 년 이상 공부를 해야 교수가 될 수 있는지 등의 지침을 내리고 앞으로 일어날 일들에 대해 자체적인 내규를 만들어 해결하도록 명했다. 그러나 그 문서에서 또다시 언급한 문제는 장례식 참석에 대한 것이었다. 이번에는 구체적인 지시를 내린다. 교수와 학생의 장례식 때 전체 교수의 반이 참석해야 하고, 나머지 반은 그 다음 장례식에 참석해야 한다는 것이다. 또 장례식에 갔을 때 하관식이 끝날 때까지 남아 있으라는 지침이었다.

이 이야기에는 추측과 상상을 자극하는 부분이 여럿 있지만, 장례식 참석 문제에 주목하고자 한다. 대학이라는 새로운 교육제도가 정착되어가는 가운데 수없이 많은 문제가 일어났고 그에 대한 해답을 요청받았을 것인데, 왜 배우고 가르치는 행위와 상관없어 보이는 장례 문제가 계속 등장하는 것일까? 그것은 교황이나 교회의 입장에서 죽음에 대한 예의가 배우고 가르치는 행위와 직접적인 관계가 있다고 여겼기 때문일 것이다. 고대 희랍인들이 철학을 죽음을 준비하는 학문으로 이해했다면, 기독교의 신학은 죽음을 극복하고 배우는 학문이라 할 수 있다. 이런 풍토에서 삶의 완성인 죽음에 대한 예(禮)를 동료 교수나 제자의 장례식에서 표하지 않는다는 것은 성직자이자 선생의 도리에 어긋나는 행동이었다. 그렇다면 상식적이라 생각되는 예의가 제대로 실천되지 않았던 까

닮은 무엇일까? 학생의 숫자가 늘어나고 교수가 많아지면서 서로 모르는 경우가 생기기 시작했을 것이다. 그러나 더 중요한 이유로 이미 중세 대학을 통해 드러나기 시작하고 근대 대학에서 굳어진, 학문과 삶의 분리를 들 수 있지 않을까. 변증과 논리, 수사와 논증이 중세 학문의 방식으로 자리 잡으면서 삶을 이루려는 학문의 자세가 사라지기 시작했고, 그 단면을 동료 교수의 장례식에 참석하는 것을 교수의 본업과 상관없다고 본, 다시 말하면 교수는 학생을 가르치기만 하면 된다고 본 사람들을 통해 목격하는 게 아닌가 생각한다. 학생들에게도 대학 교육을 받고 그 배움에 상응하는 교회 내의 높은 직분을 얻으려는 분위기가 있었고, 따라서 교육의 직업화 현상이 있었음을 어렵지 않게 짐작할 수 있다. 즉 학문에 대한 고전적인 가치가 대학이라는 기독교 유럽 전체를 아우르는 보편적인 교육제도가 설립되면서 퇴색했다고 할 수 있다. 한편 대학 내부의 그런 변화에도 불구하고 교회는 배움과 삶, 믿음과 지식의 일치를 고수하는 학문론을 간직하고 있었다.

교황이 대학을 지역 왕권의 간섭에서 보호했던 이유는 대학이 교회의 신학과 세계관을 지키고 전수하는 곳이었고, 또 다른 차원의 교회였기 때문이다. 교회의 언어였던 라틴어로 모든 지식을 통일하려면 학문의 구심점도 필요했을 것이다. 거기에는 학문의 꽃인 신학으로 모든 학문을 평정할 수 있다는 자신감, 믿음과 배움이 신학적 세계관 안에서 함께한다는 신념이 포함되어 있었다. 이런 대학과 교회의 관계는 다양한 변화를 겪으며 19세기에는 겨우 명맥이 유지되었기에, 중세 대학에서 가장 잘 드러남은 자명한 사실이다.

중세 대학이 신학을 중심으로 구성되었다는 사실은 트리비움 쿠아드리비움(Trivium Quadrivium)이라 불리던 기초 학문이 신학 입문 과정이었다는 것에서도 드러난다. 이 기초 학문을 로마 시대부터 내려온 인문학의 과정으로도 여기지만, 중세 시대에 문법과 논리학과 수사학은 신학의 언어인 라틴어를 배우는 과정이었다. 그 다음 과정으로 배우는 산수와 음악과 천문학은 교회에서 실용적으로 쓸 수 있는 학문이었고, 기하학은 초월적인 진리를 선과 각의 법칙으로 증명할 수 있다는 믿음을 담고 있었다. 법학도 교회법을 익히는 것이었다. 철학은 신학을 돕는 방법론으로서의 의미가 컸다. 그리고 신학 위에서 그 한계를 지적하는 역할은 믿음이 담당했다.

13세기 이후 중세 기독교의 고위직은 대학을 졸업하거나 교수였던 사람들이 차지하게 된다. 대학에 여성은 없었다. 당시 여성 차별은 일반적인 것이었지만, 중세 대학은 여성이 사제가 될 수 없기 때문이라는 논리를 내세웠다. 배우는 학생에게만 삶과 배움의 일치를 이론상으로나마 요구한 것은 아니었다. 모든 학문의 교수들은 성직자이거나 독신이어야 했다. 15세기까지 의대를 포함한 파리 대학의 모든 교수가 되는 조건이 성직자이거나 금욕의 실천을 약속하는 독신이어야 했으나, 개신교회의 등장으로 그 조건은 사라지기 시작했다.

모든 강의는 라틴어로 이루어졌다. 라틴어는 교회의 언어였고, 신학의 언어였다. 모든 가르침은 성스러운 것이었기 때문에 영어나 프랑스어나 독일어 같은 세속적인 지방의 언어로 가르쳐질 수 없었다. 이런 관습은 초기 작품을 라틴어로 쓴 칸트가 살았던 18세기 중반까지 이어졌으나, 근대 철학의 시초라 불리는 데카르트와 같은 이들에 의해 17세기에 이미 깨지기 시작했다. 데카르트의 저서를 통해 목격할 수 있는 건 인간이 중심되는 철학의 시작만이 아니었다. 새 시대를 여는 긴장감도 엿볼 수 있다. 1637년 그는 자신의 철학의 기초가 되는 『방법서설』(*Discourse on Method*)을 라틴어가 아닌 프랑스어로 쓰면서 그 이유를 이렇게 밝혔다. "순수하고 단순한 자연적인 이성만을 활용하는(즉 프랑스어만 쓸 수 있는) 사람들이 고전만을 믿는(라틴어만을 고집하는) 사람들보다 자신의 새 철학을 잘 이해할 수 있을 거라 보기 때문에…"

프랑스어가 라틴어보다 더 순수하고 자연적이란 주장은 몇 년 후인 1641년 『제1철학에 대한 성찰』(*Meditations on the First Philosophy*)을 라틴어로 쓰면서 약간 변한다. 데카르트는 그 책을 전통 신학과 고전 학문의 수호자 역할을 하던 "현명하고 저명한" 파리 대학의 신학부 교수들에게 헌정하면서, 자신의 철학이 바른 믿음에서 벗어나지 않으며 잘 봐달라는 부탁을 한다. 또 성찰 내용의 일부는 몇 년 전 프랑스어로 쓰인 『방법서설』에서 다루었지만 그 내용이 어설펐고, 이제 그 주제를 올바른 방식으로 제대로 다루면서 누구나 읽을 수 있는 프랑스어로 쓸 수는 없었다고 덧붙인다. 이 글에서 프랑스어를 쓰는 게 자연스럽고 순수한 이성을 사용하는 것이란 변론은 사라지고, 철학은 아무나 할 수 없다는 고전주의가 등장한다. 여기서 어떤 언어가 순수하고 단순한 이성의 섭리에 적합한가를 묻는 것에서 데카르트가 이성의 언어적인 한계까지 염두에 두었다고 볼 수 있다. 그의 변심의 이유를 개인적 사정과 당시의 정치적인 상황으로 설명할 수 있겠으나, 종국에는 1,500년 이상 성스러운 학문의 언어로 군림했던 라틴어가 사상사적인 긴장과 혼란 없이는 사라질 수 없었음을 드러낸다.

중세 대학의 가장 큰 유산은 학문의 자유나 대학의 자율이란 개념이 아니라, 합리적 토론과 논리적 사고를 학문의 자세로 만들었다는 데에 있다. 그런 학문의 자세가 믿음의 법칙, 즉 믿음의 우선성 아래 존재한다는 사실은 대학사의 큰 주제가 아니다. 또 여러 나라의 성직자들을 한 언어와 한 신학체제로 교육시켜 중세 가톨릭교회의 신앙과 세계관을 유지하고 강화하는 데 큰 도움을 주었지만, 중세 대학이 교리와 교권의 지배만 받았던 것은 아니다. 이단적인 교리나 혁명적 사고가 싹을 틔우는 곳이기도 했다. 교회를 개혁하자는 대학의 목소리는 르네상스와 종교개혁 시대에 크게 등장한다. 루터의 종교개혁을 가능케 한 새로운 형태의 믿음을 두고 중세의 대학들은 치열한 논쟁을 벌인다. 그 가운데 루터를 택한 대학이 있는가 하면, 파리 대학처럼 루터의 저서를 불태우는 대학도 있었다.

마틴 루터의 중세 대학 비판

콜럼버스가 1492년 신대륙을 발견하면서 중세에서 근대로 이르는 역사적 전기를 마련했다면, 루터는 그 변화의 사상적 근거를 만들었다고 할 수 있다. 루터는 유럽을 둘로 나누는 교회의 분열과 새로운 정치의 시대를 꿈꾸지 않았다. 교회와 세속의 정치가 하나였던 시대에 교회의 변화를 추구했던 것이 중세 시대에 종말을 고하는 개혁이라는 결과로 나타났다. 종교개혁이 대학의 역사에도 큰 변화를 일으켰음은 물론이다. 루터는 중세 대학의 교수였다. 흔히 종교개혁의 시작을 루터가 쓴 교황의 면죄부에 대한 95개조 반박문에서 찾는다. 그러나 그 반박문의 내용과 형식은 중세 대학의 전형적인 학문의 방법을 이용한 것이었다.

1517년 루터가 비텐베르크(Wittenberg) 대학 교회의 문에 못박아 붙여놓은 95개 논제로 된 "면죄부의 효력에 관한 Disputation"은 대중의 언어가 아니라 대학의 언어였던 라틴어로 쓴 글이었다. 한국말로는 '반박문'으로 번역되는 'Disputation'은 중세 대학의 학문적 논증의 방법이었다. 공개적으로 자신이 주장하는 바를 논제들을(Theses) 통해 밝히고 학문적 토론을 하자고 요구하는 것인데, 현재는 대학의 논문 심사 과정에 그 전통의 흔적이 남아 있다. 루터는 면죄부의 효력을 캐묻는 95개의 논제를 제시했다. 그중 하나는 토의를 용의하게 하기 위해 제시한 구체적인 방안이었다. 대학 밖의 사람들을 대상으로 했다고 볼 수 없다. 교회의 문에 붙인 것도 교권에 대한 도전이 목적이 아니었다. Disputation과 같은 공고문을 흔히 붙여놓던 곳이 교회의 문이었기 때문이었다. 가장 중세 대학적인 행위가 중세 대학의 종말을 예고했던 것이다.

루터의 글은 빠른 속도로 독일 전역에 알려졌다. 거기엔 구텐베르크의 인쇄술이 끼친 영향이 제일 컸다. 싸고도 쉽게 대량 인쇄가 가능해지면서 글을 접하는 사람이 늘어났다. 당시 대중의 요구에 맞게 라틴어만이 아니라 각 나라의 언어로도 책들이 번역되어 출판되기 시작했다. 루터의 95개 논제는 라틴어판과 독일어 번역판으로 계속 인쇄되어 순식간에 유럽 전역에 퍼져 개혁운동의 발판을 마련했다. 그 후 루터는 독일어로 대중적인 글을 쓰면서 개혁의 논리를 보편화시켜나갔다.

중세 대학 교수의 입장에서 학문적 논쟁을 통해 개혁을 주장했던 루터는 교수 생활이 끝난 1517년 이후부터 일반인들의 종교 교육을 강조한다. 그는 모든 어린아이가 글을 읽고 쓸 수 있도록 교육을 받아야 한다고 주장한다. 성경을 스스로 읽어야 했기 때문이다. 그는 군주들에게 학교를 세우기를 권장했다. 또한 라틴어로만 쓰여 있었던 교회 음악을 독일어로 번역한 찬송가로 바꾸면서 찬양의 대중화를 도모했다. 교인들의 신앙교육에도 큰 관심을 가져, 교리 문답을 직접 쓰기도 했다. 이런 개혁적 행위들은 독일 교회의 언어가 라틴어에서 독일어로 바뀌는 결과를 가져온다. 이 변화를 가장 확실하게 드러낸 것은 루터의 독일어 성서 번역이었다.

성서를 독일어로 번역하는 일은 개신교적 신앙의 기초를 닦는 일이었지만, 독일어를 체계화하는 문학 작업이었기에 근대적 학문의 모델을 세우는 일이기도 했다. 교회의 언어가 바뀌면서, 민족이라는 개념이 신앙의 요소로 새롭게 등장했다. 예를 들어 독일이라는 민족과 그 언어인 독일어와 그 땅의 신앙인 루터교가 모두 함께한다는 생각으로, 위험한 면이 많은 발상이었다. 결국 루터의 개혁은 양심과 사상의 자유라는 신조하에 계속 발전되어 17세기와 18세기의 자연과학과 인문학의 발전에 큰 영향을 미친다.

대학의 역사에서 루터가 차지하는 비중은 크지 않다. 그러나 루터의 개혁은 중세라는 유럽의 천 년 역사에 종지부를 찍는 결과만 가져온 것이 아니라, 중세 대학에 종말을 고하는 사건이기도 했다. 루터는 중세 대학의 교수에서, 그 대학의 가장 신랄한 비판자로 변신한다. 루터는 라틴어, 스콜라 신학과 철학, 엘리트적 교권주의 등으로 상징되는 중세 대학의 전통에 맞서 독일어와 역사학의 중요성을 강조하고, 일반적인 서민도 교육을 받아야 한다는 주장을 펼쳤다. 특히 "쓸모없는 철학과 쓰레기 같은 스콜라 신학"에 대한 그의 비판은 1517년 이후 한결같았다. 그 비판은 결국 대학에 대한 것이었다. 루터는 한때 철학과 스콜라 신학을 강의하는 중세 대학의 교수였지만, 그 모든 배움이 그에게 남겨준 것은 상처뿐이었다고 고백한다. 그 이유를 단순히 표현하자면 사변적인 학문이 성서와 아무런 관계가 없다고 믿게 되었기 때문이다. 그런 사변적 학문이 뿌리 깊게 내린 대학은 이미 몰락했다고 본 것이다. 루터의 관심은 일반 교인들이 글을 배우고, 성서를 스스로 읽고 하나님 앞에 홀로 바로 서게 하는 데 있었다. 그러나 그들이 세상에서 하나님의 일을 올바로 하려면 역사, 법, 정치, 산수 등 실용적인 학문도 배워야 한다고 판단했던 것이다.

대학에 대한 루터의 비판은 중세 대학의 사상적 기초였던 아리스토텔레스의 철학을 더 이상 가르치지 말아야 한다고 주장했던 것과, 그 철학을 따르는 신학자들을 궤변가라 부른 데서 잘 드러난다. 아리스토텔레스가 없는 중세 대학은 상상할 수 없다. 그의 철학이 이교도적이고, 기독교의 철학이나 신학이 될 수 없다는 비판만큼 중세 대학에 대한 확실한 처단은 없다. 루터는 아리스토텔레스의 물리학, 형이상학, 윤리학과 같은 주요 저서들이 당시 지식인들의 사고를 지배하고 있으나, 그 내용은 반성서적이고 하나님의 뜻과 어긋나는 가르침이기 때문에 기독교인들이 읽지 못하도록 해야 한다고 주장했다. 루터는 아리스토텔레스를 누구 못지않게 잘 안다고 자부했기 때문에 그런 주장을 과감하게 할 수 있었다. 또 그는 대학이 기독교 신앙은 가르치지 않고, 그리스도보다 아리스토텔레스를 더 숭배하는 집단이 되어버렸다고 비판했다. 하나님의 말씀인 성경이 중심되지 않는 교육은 썩을 수밖에 없고, 그런 대학이 학위만을 쫓는 집단이 되어버린 것은 루터가 보기에 당연한 결과였다. 그는 대학 교육이 성경 중심의 교육으로 변하지 않는다면, 어린 학생들을 지옥으로 이끄는 관문이 될 수도 있다고 우려하기도 했다.

루터에게 대학이 섬겨야 할 믿음은 성경의 믿음밖에는 없었다. 그 믿음은 대학에서만 적용되는 것이 아니라, 인간의 삶 전체에 적용되는 것이었다. 루터는 그 믿음의 기초 아래 모든 배움과 사회 활동이 이루어지길 기대했다. 따라서 성경을 제대로 읽고 이해하는 것은 필수였다. 이는 종교개혁의 기본 정신에 해당하며, 자연히 성경이 각 나라의 언어로 번역되는 것을 의미했다. 그러나 당시는 성경의 번역 자체가 교회의 권력층에 대한 도전이었다. 루터의 독일어판 성경은 교황의 명령으로 독일 전역에서 불태워졌고, 성경을 영어로 번역한 죄로 윌리엄 틴델(William Tyndale, 1484~1536)은 화형에 처해졌다. 언어가 단순히 뜻을 전하는 수단이 아니라, 사고의 본질과도 연관이 있음을 간접적으로 증명해주는 사건이었다. 다시 말해 라틴어는 단순히 중세 학문의 언어였던 것이 아니라, 그 학문의 조건이었고 그 이상과 가치를 담고 있었다. 16세기에 성경이 각 나라의 언어로 번역되면서 라틴어는 더 이상 성경의 언어가 아니었고, 17세기 이후에는 대학의 강의가 지역 국가의 언어로 행해지면서 학문의 언어라는 명예까지도 내어놓게 된다.

17세기 개신교의 이념이 자리 잡은 지역, 특히 독일에서 근대 대학의 전통은 시작한다. 양심에 의거한 신앙의 자유라는 개신교의 전통은 학문의 자유라는 개념으로 대학에서 통용되었다. 라틴어 대신 독일어를 이용한 것과 동시에 아리스토텔레스를 넘어서자는 반-스콜라주의가 학풍으로 자리 잡았다(1694년에 설립된 할레 Halle 대학이 그 근대 대학의 전형적인 예라 할 수 있다). 이미 결정된 진리를 밝히는 게 학문이 아니라, 새로운 지식을 합리적이고 비판적인 자세로 추구하는 게 학문이고, 그것이 진정한 지식을 추구하는 것이란 논리가 힘을 얻었다. 대학이 과학적 탐구와 연구로 진리를 추구하는 곳이란 시각은 주로 대학 밖에서 이뤄졌던 17세기 자연과학의 혁명과 맥락을 같이 한다. 자연과학 중 특히 수학이 모든 학문의 방법적 모델이 되기 시작한다. 이것은 데카르트와 파스칼과 같은 철학자들에게서 가장 명확하게 볼 수 있으며, 신의 존재까지도 수학적 방법으로 증명하려는 노력이 그 하나였다. 18세기 대학에서는 리서치란 새로운 개념과, 경전 강독을 대신해 체계적인 강의가 수업의 방식으로 등장했다.

근대 대학의 모든 새로운 변화를 담아냈던 표현은 '자유' 였다. 이 자유는 양심의 자유 곧 인간의 자유였다. 중세 대학이 '신의 자유' 를 사고와 세계의 중심으로 삼았다면, 근대 대학에서는 '인간의 자유' 가 그 중심이 되고, 모든 당위성을 부여하는 최고의 가치가 된다. 종교개혁 시대의 양심의 자유가 18세기에는 '생각의 자유' 로 등장해 대학의 신조가 되었으며, 더 나아가 인간의 존재 의미까지도 규정하는 개념이 되었다. 그 시대 대학의 정신을 가장 잘 표현한 사람이 이제 살펴볼 임마누엘 칸트이다.

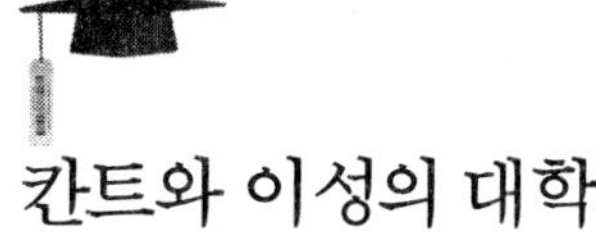

칸트와 이성의 대학

중세 대학의 교수는 말로 지식인의 역할을 했다. 글을 쓰는 일은 교수의 일에 필수적이지 않았다. 그러나 17세기 이후 인쇄술이 발달하고 공간의 한계를 넘어서 말이 아닌 글로 된 지식을 접하는 사람이 늘어나면서, 교수는 말로 가르치는 학자일 뿐만 아니라 글로 지식을 전하는 학자가 되기를 요구받았다. 또 대학의 역할도 진리를 수호하고 전달하는 곳에서, 새로운 것을 연구하는 곳으로 인식이 점차 바뀌게 된다. 18세기에는 글을 쓰지 않는 교수를 가리켜 지식의 세상에서 사라진 학자라고 비판하는 소리도 드물지 않게 들리기 시작한다.

칸트는 서구 근대의 대표적인 철학자이기도 하지만, 철학이라는 학문이 대학 안의 학문 또는 제도권의 학문이 되는 역사의 출발점이라고도 할 수 있다. 그는 대학 내에서 철학이 중심되어야 한다고 강조하였고, 더 나아가 대학이 철학을 중심으로 재구성되어야 한다고 주장했다. 그 말은 신학이 대학 교육의 중심이 되어서는 안 된다는 뜻을 담고 있었기 때문에 파장이 큰 개혁적 주장이었다. 또한 칸트는 자신의 비판철학의 정신을 그대로 대학에 적용하기 원했기 때문에, 최초의 철학적 대학론을 펼쳤다고도 볼 수 있다. 그가 대학의 문제에 대해 관심을 갖게 된 이유는, 자신이 독일 대학의 철학 교수로 오랜 세월을 보냈던 경험을 통해 대학에 관한 생각을 정리한다는 면도 있었겠지만, 더 직접적인 이유는 자신이 국가의 검열에 걸려 출판 금지를 당했기 때문이었다.

칸트는 1772년 『이성의 한계 내에서의 종교』라는 자신의 저서가 프러시아 정부의 검열에 걸려 더 이상 종교에 대한 글을 출판하지 말라는 경고를 받았다. 1798년에 쓴 『학부 간의 분쟁』(*Conflict of the Faculties*)이란 그의 대학론을 담은 책은 대학 내에서 철학의 위치를 강조했고 동시에 검열의 부당함을 지적한 변론이었다고도 할 수 있다. 이 일은 칸트 생애 말년에 있었던 것으로, 그의 평생을 통해 이루어낸 철학의 정신과 가치를 통해 학문의 자유와 대학의 개혁이라는 제도적 변화를 구현해보고자 하는 노학자의 소망이 담긴 것이기도 했다.

칸트의 대학론을 살펴보기 전에 그가 말하는 철학이 그 내용과 개념에서 현대적인 의미와 약간의 차이가 있음을 지적해야 한다. 18세기에는 자연과학까지도 자연철학이라 하여 철학의 일부로 여겼다. 현대의 인문학과 사회과학의 다양한 분야는 19세기 이후에 생성된 것으로 칸트 당시에는 존재하지 않았다. 신학, 의학, 법학 이외의 모든 학문이 철학이란 이름으로 수용되고 있었다. 중세 대학에서 이미 확정된 대학 학문의 경계와 구분은 칸트가 살던 시대에도 유용했다. 즉 대학을 신학, 법학, 의학이라는 세 학부(Faculty) 중심으로 구성하는 것이다. 거기에 잡다한 기초 학문과 철학의 주제들을 다루는 기초 학부로 철학부가 있었다. 신학, 법학, 의학은 모두 전문 직업인을 양성하는 학문으로, 교육 내용이 실제적인 응용이 가능한 것이었다. 이것은 대학의 시작과 발전이 정치적 통치와 무관하지 않음을 말해주는 내용이기도 하다. 신학은 영혼을 구하는 학문이었고 법학은 법으로 사회를 다스리는 학문이었으며, 의학은 몸을 돌보는 학문이었다. 이 세 학부의 역할은 인간의 미래와 현재의 행복 그리고 사회와 개인의 건강을 지키는 공적인 임무를 담당할 일꾼을 양성해내는 것으로, 인간의 삶의 모든 면을 아우르는 총체적인 차원이 있었다.

그러나 18세기에 상황이 다소 변한다. 종교개혁 시대 이후 공적인 기초 교육이 보편화되어가면서 목회자들로는 교육 수요를 감당할 수 없었다. 교육을 전문적으로 담당할 사람들을 체계적으로 양성할 필요가 생겼고, 교사라는 직업이 전문직으로 발달하게 되었다. 교사를 교육하는 역할을 대학에서 맡게 되었고, 특히 철학부에서 전담하게 되어 철학부도 전문 직업인을 양성하는 곳이란 인식이 퍼지기 시작했다. Ph.D. 즉 Doctor of Philosophy(철학박사)란 학위가 실질적으로 통용된 것은 19세기 초반이었다. 칸트의 제자 중 교사들과 교사 지망생들이 많았다는 사실도 이런 배경을 뒷받침한다. 이로 인해 교육의 세속화도 가속이 붙었고, 교육학이란 개념이 생기게 되었다. 칸트를 비롯해 로크나 루소 등 18세기 철학자들이 예외 없이 교육론을 펼친 것도 같은 맥락에서 그 이유를 찾을 수 있다. 물론 칸트 자신은 철학부를 이성의 요구만을 따르는 학문으로 보았지, 전문 직업인을 양성하는 곳으로 보지 않았다. 그러나 그가 대학에서 철학의 중심적인 역할을 주장하게 된 배경에는 철학적 신념 외에 철학부의 달라진 위상에 대한 자신감도 있었을 것이다.

칸트는 신학, 법학, 의학의 상위 학부의 지배에서 자유로운 대학을 상상했다. 더 나아가 철학이 신학이나 교회의 통제를 받지 않고 이성의 지배만 받는 자유로운 학문이기 때문에 이성의 이름으로 상위 학부를 견제하고 인도해야 한다고 주장했다. 그 이유는 철학의 중심은 모든 배움의 조건인 진리이지만, 상위 학부의 가르침은 국가 차원의 실용성을 중심으로 하기 때문이다. 상위 학부는 그 학문적 내용이 국가의 이해와 직접적인 연관이 있고, 국가를 섬기는 전문인들을 양성하는 곳이지만, 철학부는 국가의 이익과 직접적인 관계가 없기 때문에 통제가 필요하지 않다고 여겼다. 그의 논리를 따르면 신학의 교육이 잘못되면 인간의 영혼을 나쁜 곳으로 이끌 수 있고, 법이 잘못 적용되면 사회의 안정을 파괴하고, 의술이 잘못 전수되면 오히려 건강을 해칠 수 있게 된다는 것이다. 따라서 국가나 교회는 상위 학부에서 가르치는 내용에 대해 법적이고 교리적이고 교과서적인 테두리를 만들어야 할 필요가 있었다. 그러나 철학은 이성의 법만을 따르기 때문에, 그에 대한 책임만 질뿐이며, 국가 권력의 통제는 필요 없다고 보았다. 그렇다고 철학이 국가와 사회적 이익에 도움이 되지 않는다는 것은 아니다. 철학은 상위 학부의 가르침이나 연구가 이성적이고 합리적인가를 판단하고 비판하는 기능을 통해 대학을 진리의 길로 인도할 수 있다. 철학은 이성의 관심을 지키는 학문이기 때문에 자유를 절대적으로 필요로 하며, 그 자유가 보장될 때 국가까지도 이성이 지배하는 곳으로 이끌 수 있다고 확신했다.

상위 학부와 철학부의 차이는 그 학문적 권한의 출처를 통해서도 알 수 있다. 상위 학부는 그 권위를 외부에서 찾는다. 법학과 의학은 국가에서 그 권위를 얻고, 신학은 성경이라는 하나님의 계시에 그 권한을 기댄다. 반면에 국법, 의료법 그리고 교리로 통제를 받는다. 국가는 이런 통제 기능을 이용해 권위를 세우게 된다. 그러나 철학은 국가의 권위에 의존하지 않는다. 그럼에도 철학이 필요한 역할을 수행하기 때문에 학문의 자유는 보장받아야 한다는 게 칸트의 주장이었다. 철학의 권위는 오직 이성이고, 그 권위의 출처 또한 이성이다. 신학을 하더라도 이성을 이용하지 않을 수 없고 그에 의지해야 하기 때문에, 이성의 매개자라 할 수 있는 철학자의 비판적 분석에 수긍해야 한다. 따라서 칸트는 철학자가 교리적 정통성과 관계없이 성서를 해석할 수 있어야 한다고 말했다. 이 주장은 본인이 철학자로서 교권의 영향을 받지 않고도 성서와 신학을 논할 수 있어야 한다는 변론으로도 들린다. 더 넓게는 대학은 철학이 지배하는 곳이어야 한다는 주장이기도 하다. 대학이 자유로운 논쟁의 공간이어야 하고, 상위 학부는 누릴 수 없고, 누려서도 안 되는 학문의 자유와 자율이 철학의 본질이며, 바로 이 본질 위에 대학이 서야 한다는 말이기도 하다.

대학에 대한 칸트의 생각은 대학의 역사에서 근대라는 새로운 시대의 도전에 대한 응답이었다고 할 수 있고, 그의 생각 자체가 대학 역사의 새로운 시대를 열었다고도 할 수 있다. 칸트는 대학이 전문 직업인을 양성하는 곳임을 인정하면서도, 대학의 중심은 이성이라는 주장을 하며 교권이나 정권에서 자유로운 학문을 꿈꾸었다. 그 학문은 이성의 자율성과 내적인 요구를 법으로 여기는 철학을 통해 이루어진다고 보았다. 권력으로부터 자유로운 대학은 칸트의 독특한 철학에서 출발했지만, 그 개념은 오늘날까지도 대학의 본질을 이해하는 데 유용하게 쓰이고 있다. 이성의 자유를 구현해내는 계몽된 인간들이 만든 대학이라면, 그 내부에서 자율과 자유만이 법칙으로 존재할 것이라는 사실은 어렵지 않게 이해할 수 있다. 그러나 철학이 지배하는 대학, 이성이 지배하는 대학은 어디에도 없었다.

칸트는 당시 대학 내부의 학문을 두 가지로 분리했다. 통제가 필요한 실용적인 학문과 절대 자유를 필요로 하는 비실용적이고 사색적인 학문이다. 그 구분은 당시 전문화(Professionalization)되어가는 대학을 자유로운 학문의 전당으로 만들기 위한 수단이었지만, 그 결과는 칸트의 기대에 어긋나는 것이었다. 그는 자연과학이 철학의 한 부분으로 남게 되기를 바랐지만, 결국 실용적인 학문으로 철학에서 분리되었다. 또 철학을 인간의 본성을 가다듬는 학문으로 여겼지만, 철학 자체도 전문화되어, 대학과 제도에 구속된 학문으로 전락하고 말았다.

19세기 들어 철학이 기능적인 지식을 배우는 학문이 아니라, 가치와 의미를 추구하는 학문으로 자리 잡은 면도 있지만, 대학에서 그런 인격적인 학문이 가능할까 하는 의구심은 많은 철학자들이 제기해왔다. 셸링은 대학이 산업연수원으로 전락하고 있다고 질타하며 지식의 전문화를 문제시했다. 쇼펜하우어는 대학 안에서 자유롭게 진리를 추구하는 철학을 할 수 있다는 생각을 신랄하게 비판했다. 니체 역시도 대학과 철학은 함께할 수 없다고 주장했다. 20세기의 하이데거도 기술과 정보만 다루는 대학에서 생명력 있는 철학을 가르칠 수 없다고 한탄했다. 그러나 대학 이념의 역사에서 더 큰 발전은 칸트가 내세운 이성이 중심이 된 대학이 19세기에 들어와 문화, 곧 민족의 문화가 중심이 되는 대학의 이념으로 대체된다는 사실이다. 유럽의 민족주의 발달과 연관이 있는 이 변화로, 대학은 기독교 신학의 보편성이나 이성의 보편성을 뒤로하고 민족의 문화와 정체성을 구현하는 사명을 받아들이게 된다. 이 시기에 대학의 이념을 대표하는 학문은 더 이상 철학이 아니다. 인문학의 대표 자리는 문학이 차지하게 된다.

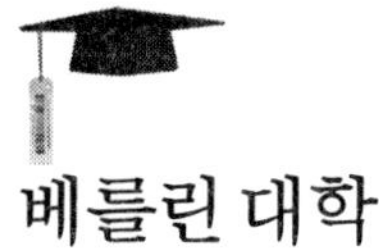

베를린 대학

칸트가 주장한 철학적 이성의 대학은 1810년 베를린 대학의 설립에 큰 영향을 미쳤다. 대학의 역사에서 베를린 대학의 설립은 매우 중요하다. 연구(Research) 중심의 근대 대학 모델이 바로 여기서 출발했다. 그 후 독일 대학의 많은 학문의 가지들이 높은 수준으로 발전했을 뿐만 아니라, 많은 나라들의 고등교육 개혁 모델이 됐다. 일본을 예로 들 수 있다. 19세기 후반 일본은 국가를 개방하면서 학생들을 서구의 대학으로 유학 보냈다. 그들이 새롭게 익힌 기술과 지식으로 근대화의 발판을 마련하고자 했다. 미국을 비롯해 많은 나라에 유학을 보냈지만, 독일의 대학이 제일 우수하다는 평가를 하게 됐다. 그 후 독일로 많은 학생들을 유학 보냈고, 독일의 학문만 아니라 국가 차원의 제도까지 받아들였다. 대학도 독일 대학의 모델을 도입하게 되었는데, 경도대학이 그 실험장이 되었다. 일본의 노벨상 수상자들 중 경도대학 출신이 유난히 많은 것은 이런 리서치 대학의 전통을 이어받았다는 이유도 있다.

베를린 대학은 또 미국의 대학에도 큰 영향을 준다. 영국의 대학을 모델로 시작한 미국의 대학은 19세기 초반부터 학생들을 독일로 유학 보내면서, 독일 학문의 선진성을 파악하게 된다. 그 후 독일에서 배운 제도와 학문을 적용해 미국 대학의 근대화를 추구했고, 그 결과가 베를린 대학을 모델로 삼은 존스 홉킨스(Johns Hopkins) 대학의 설립으로 나타난다. 20세기에 들어 독일 대학의 모델은 세계 곳곳으로 수출되었고, 최소한 20세기 중반까지는 가장 영향력 있는 고등교육의 모델이 되었다. 만일 19세기 초 독일 대학의 개혁이 아니있으면, 중세의 산물인 대학은 세계 한 지역의 교육제도로 남았을 가능성이 크다.

리서치 중심의 대학이란 전해 내려온 지식과 가치를 전달하는 고전적 의미의 대학에서 벗어나, 새로운 것을 연구하고 지식을 만들어내는 것을 사명으로 여기는 대학을 말한다. 그러나 이 대학은 칸트가 원했던 대학은 아니었다. 그럼에도 분명했던 칸트의 영향을 두 가지로 이해할 수 있다. 첫째, 베를린 대학을 설립할 때 대학론을 펼쳤던 슐라이어마허, 피히테, 훔볼트와 같은 당대 최고의 학자들이 칸트의 대학론을 읽었고, 또한 그의 영향으로 대학을 철학의 문제로 고민했다. 둘째, 신학이 아니라 철학을 대학의 중심으로 생각하고, 대학의 자율과 학문의 자유와 같은 개념을 기본적인 가치로 인정했다는 점에서 또한 칸트의 영향을 엿볼 수 있다. 당시만 해도 철학부는 인문학의 모든 분야를 포함했다. 베를린 대학이 칸트의 대학이 아니었던 점은 그 대학이 이상 속의 대학이 아니었고, 현실의 요구를 적극적으로 수용한 대학이었다는 사실에서 잘 드러난다. 순수한 이성과 자율적인 인간상에 기초한 대학, 그리고 국가의 현실적 이익을 이성의 내적 요구란 구실로 무시할 수 있는 대학, 즉 칸트의 대학은 이루어질 수 없었다. 칸트의 대학이 이성을 섬기는 대학이었다면 베를린 대학의 모델은 민족과 민족의 부흥을 섬기는 국가의 대학이었다.

베를린 대학은 독일 역사의 큰 위기 상황에서 출발했다. 1806년 프러시아는 나폴레옹이 이끈 프랑스와의 전쟁에서 패배한 후, 정신적 공황기를 맞았다. 1807년 평화조약을 맺은 이후 프러시아는 계몽과 근대를 지향하면서 사회 모든 분야의 개혁을 추구했다. 그 이유는 민족의 정체성과 자존심을 회복하기 위해서였다. 특히 정신적 가치를 책임질 새로운 대학의 설립을 계획하게 되었다. 1810년 베를린 대학의 설립은 이런 상황에서 가능했고, 곧 프러시아의 으뜸가는 대학으로 자리 잡으면서, 근대 리서치 대학의 역사를 시작했다. 이것은 대학의 역사에서 가장 큰 사건 중 하나라 할 수 있다.

베를린 대학은 기존 대학의 제도와 방식에서 벗어나고자 했다. 대학이 아직도 중세 대학의 종교적인 진부함을 버리지 못하고 있다는 것이었다. 유니벌시티(University)라는 이름까지 버릴 생각도 했었지만, 고등교육의 연속성을 버릴 수 없었기 때문에 대학이란 이름은 간직하게 되었다. 당시 독일 최고의 학자들은 새로운 대학을 염두에 두고 대학이란 무엇이며, 어떤 조직으로 어떻게 가르쳐야 할 것인가에 대해 고민을 하고 있었다. 베를린 대학은 이런 민족 문화를 살리고 학문을 꽃피우는 시대적 요구를 안고 태어났다. 이 시대적 요구를 충족시키는 방식으로 등장한 개념이 과학적 연구(Research)였고, 이제 새로운 지식을 생산하는 것이 대학이 국가를 섬기는 방법이 되었다. 그 후 대학은 지성과 지적인 행위의 중심으로 발전하였고, 헤겔은 '대학이 곧 우리의 교회'라는 의미 깊은 주장까지 펼친다. 독일이 19세기 중반 이후 2차 세계 대전까지 세계 학문의 중심지로 군림할 수 있었던 것은 바로 이런 역사 때문이었다고 말할 수 있다.

또 다른 시대적 배경은 1789년 프랑스 혁명이었다. 당시 독일의 많은 학자들이 새로운 시대가 왔음을 깨닫고 있었다. 교권이 아니라 인권, 과거가 아니라 미래가 시대의 정신이 되고 있었다. 헤겔은 철학이란 '시간을 묵상하는 것'이라 말하면서, 역사 속에 흐르는 정신을 밝혀내는 철학의 과제에 집중했다. 여기서 베를린 대학에서 철학을 가르쳤던 헤겔과 근대 독일 대학의 이중적인 면을 볼 수 있다. 헤겔은 세상을 이끄는 정신의 역사가 프러시아 즉 독일에서 완성되고 있다고 주장했다. 이것은 철학의 이름을 도용한 민족주의였다. 이런 시각은 베를린 대학 설립 때, 다양한 대학론을 펼쳤던 학자들에게서도 드러난다. (예를 들어 피히테는 "독일 민족에게 고하는 글"에서 민족을 위해 개개인의 철저한 헌신을 요구했고 교육을 통해 민족의 혼을 살릴 것을 요구했다. 그는 2년 후 베를린 대학의 초대 총장이 되었다). 학문을 교리나 전수된 지식이 아닌 과학으로 이해하고 자유와 자율 속에 추구한다는 이념과, 민족과 국가를 섬기는 행위는 일치하지 않는다. 그러나 이것은 대학의 현실이자, 회피하기 힘든 한계라 할 수 있다. 실제로 배움의 자유와 가르침의 자유를 말하는 학문의 자유는 베를린 대학 설립 과정에서부터 끊임없이 설파되었고, 근대 대학의 기본 이념으로 자리 잡았다. 그러나 독일 대학은 교권에서는 자유로웠지만, 국가의 권력에서 자유로운 것은 아니었다. 교수의 임용이나 학사 관리는 철저하게 국가의 통제를 받았다.

베를린 대학은 학문과 민족을 아우르는 개념으로 '문화'(Culture)를 내세웠다. 전쟁에서 패배한 나라에서 물질의 가치보다 정신의 가치를 우위에 두는 것은 쉽게 이해할 수 있다. 이때 독일에서는 거대한 식민 제국으로 발전한 프랑스의 '문명'(Civilization)이란 개념에 맞서 진정으로 중요한 것은 정신적인 것이라는 주장으로 문화를 이해했다. 여기서 문화란 모든 정신적이고 지적인 행위를 포괄하는 개념이었다. 학문을 과학적으로 추구하는 것과 공부를 통해 인격을 수양하는 것을 이질적인 것으로 보지 않았고, 모두 문화를 이루는 과정으로 이해하게 되었다. 이 문화는 민족의 정신을 살리고 국가를 섬기고, 그에 봉사하는 매개체로 인식되었다. 문화는 민족의 정신과 밀접한 관계가 있기 때문에 그 나라 언어의 영향을 받는다. 그 당시 독일의 시대 상황을 사상사적으로 보자면, 계몽주의 철학이 내세우던 인간과 역사와 자연에 대한 확실성과 자신감이 낭만주의 해석학에 의해 의심을 받던 때였다. 여기서 문학은 해석을 요구하는 학문으로, 민족의 고유의 언어로 된 것이 가장 민족의 정신을 잘 반영한다는 인식의 도움을 받으며 대표적인 인문학으로 등장하게 된다. 근대 독일 역사에서 그 정신은 괴테의 『파우스트』에서 주인공이 자신이 사랑하는 독일어로 성경의 로고스(Logos)란 단어를 새롭게 번역하고자 나선 것에서 잘 드러난다. 민족의 언어와 민족주의의 분리될 수 없는 관계는 20세기 대학사에서 보편적으로 드러난다. 독일어가 바로 학문의 언어라는 민족주의적 인식은 독일 대학 내에 남아 있었고, 20세기 중반 하이데거는 철학의 언어는 곧 독일어라는 말까지 하게 되었다.

베를린 대학의 설립과 연관된 일련의 역사와 20세기에 들어와서 그 대학의 모델이 어떻게 종말을 고하게 되었는가를 가장 설득력 있게 설명해준 사람은 빌 레딩스(Bill Readings)였다. 그는 『황폐한 대학』(*The University in Ruins*)이란 책에서 민족 국가의 종말과 함께 베를린 대학의 모델은 사라졌다고 말한다. 그 빈자리를 기업형 대학이 차지했다는 것이다. 기업이 곧 국가라는 말까지 나올 정도로 대기업 혹은 다국적 기업의 힘이 커진 상태에서, 대학은 민족과 국가라는 섬김의 대상을 잃어버린다. 민족이라는 이념과 문화라는 가치가 더 이상 학문의 이상으로 존재하지 않을 때, 대학은 새로운 가치 즉 이윤과 경쟁을 이념으로 받아들였고, 기업의 운영을 모델로 삼았다는 것이다. 현대 대학을 주시하면서, 레딩스의 주장이 사상사 차원에서 뛰어난 상상력의 발현이라는 것을 느낄 수 있다. 기업을 움직이는 품질 관리 체계를 도입해, 생산성을 위한 생산, 경쟁력을 위한 경쟁을 부르짖고 있는 대학의 모습을 보면서, 레딩스는 자본주의 세계화 시대의 이런 대학의 모습을 '황량한 폐허' 속에 거주하는 것으로 파악했다.

베를린 대학에서 신학은 어떻게 되었는가. 물론 신학부가 없어지진 않았다. 피히테는 신학이 리서치 대학에서 존재하려면 교회나 계시의 전통에서 벗어나 과학으로 다시 태어나야 한다고 믿었다. 그러려면 다른 종교도 함께 연구해야 한다고 생각했다. 그는 신학이나 종교의 가르침은 이미 인간의 양심에 녹아 있기 때문에 대학에서 필수적으로 가르칠 필요가 없다고 주장했다. 베를린 대학의 신학부를 책임졌던 슐라이어마허 역시도 대학 내에서의 신학이 과학적 학문성을 담보해야 한다는 주장을 펼쳤다. 그는 신학이 시대를 읽고 변해야 한다는 자유주의 신학의 기본 틀을 제공해준 신학자였다. 그는 기독교 신앙의 당위성과 신학의 중요성을 강조했지만, 대학 내의 신학이 합리적인 학문성을 끊임없이 찾아야 한다고 믿었다. 그 이후 독일 대학에서 과학성을 추구하던 신학은 고등비평과 역사비평 등을 발전시키면서 대학 내 신학의 존재 이유를 증명해나갔다. 종교의 과학(Science of Religion)을 추구한 종교학이 나온 것도 이런 분위기가 바탕이 되었다.

미국의 대학

최근 유행하는 대학의 순위를 정하는 조사를 보면 세계에서 최고라는 대학 100개 중 절반 이상이 미국에 있는 대학들이다. 그런 순위가 필요하다는 발상 자체가 놀라운 것이지만, 그런 발상이 현대 대학을 지배하는 이념적인 현실이 되었다는 것은 부정할 수 없다. 미국이 절대적 우위를 차지하는 대학 교육 시장의 현실은 이 시대 미국의 힘과 영향력을 반영해준다. 현대 미국의 대학들이 이 시대에 가장 뛰어난 성과를 보였다면, 그 이유는 교육 시장의 조건들을 누구보다도 더 잘 소화하고, 이용하고, 내면화했기 때문이라 볼 수 있다. 미국의 큰 대학들은 20세기 들어 미국의 산업자본주의와 국가주의, 그리고 최근엔 기업자본주의의 요구를 공학과 경영학을 통해 잘 받아들였다. 최고를 추구하는 미국 대학의 현실을 제대로 이해하려면 이런 역사적 과정을 다루지 않을 수 없다.

미국의 대학은 신학교로 시작했다. 영국의 청교도들은 1636년 신대륙에서의 생활에 힘들게 적응해가면서도 학식이 있는 목회자의 필요를 절실히 느꼈고, 이를 위해 신학교를 계획하게 된다. 19세기 중반 주립대학들이 설립되기 이전의 거의 모든 대학들이 개신교 정신을 바탕으로 설립되었다. 여기서 개신교 정신이란 모든 인간이 하나의 개인으로 하나님 앞에 부름받아 서야 한다는 생각으로, 개개인의 주체적 인식을 어느 정도 요구하는 신념이라 할 수 있다. 이 개신교 정신이 배움을 필요로 한다는 사실은 종교개혁 시대부터 목격할 수 있다. 미국의 수많은 개신교 교단 소속의 대학들은 이런 개신교의 종교성을 반영한다. 그러나 다양한 종교적 배경을 지닌 이민자들이 유럽에서 끝없이 유입되면서, 최근 미국 대학의 교단적 배경은 상징적인 게 되어버렸다.

신학과의 갈등은 19세기 후반 이후 대학의 관심이 신학적 세계관으로 형성된 인격체를 양성하는 것에서, 기술적 지식으로 무장한 일꾼을 양성하는 것으로 전환하면서 시작했다. 다양한 종교 연구를 신학부 내에서 수용하게 되면서, 신학은 규범의 학문에서 이론과 방법론 혹은 메타 학문으로 변신하기 시작했다. 대학 자체도 교회의 대학에서 국가의 대학으로 또 기업의 대학으로 바뀌었다. 그렇다고 그 변화가 빠른 것은 아니었다. 일반적으로 20세기 초반까지만 해도, 전형적인 미국 대학의 정신적 토대는 신학적인 이상에 그 기초를 두고 있었다. 채플 건물은 대학 이념의 상징적 구조물이었다. 배움의 근거는 기독교적인 이상과 신뢰와 믿음에 있었다. 신학은 바로 그 이상과 신뢰와 믿음을 제공했다. 신학의 학문적인 가치가 폄하되던 20세기 중반까지만 해도 많은 미국 대학이 기독교의 이상을 공개적으로 고백했었다. 미국의 주요 사립대들에서 총장직을 성직자들이 맡던 전통이나, 채플 출석의 의무 등이 사라지기 시작한 것은 1960년대부터였다.

지금은 세상에서 가장 돈이 많고 영향력 있는 대학이 되었지만, 하버드 대학의 출발은 청교도 신앙으로 그 지역 사회를 유지하자는 소박한 믿음에 따른 것이었다. 그 후 200년 동안 큰 변화 없이 희랍과 로마의 고전과 기독교 신학을 중심으로 한 교양교육으로 일관했다. 전공이라는 제도도 없었고, 졸업장이 명예를 상징하지도 않았으며, 교육 환경도 열악했다. 교수나 총장직에 성직자가 많았다. 21세기의 하버드 대학은 당시의 흔적을 전혀 찾아볼 수 없다. 신학적 배경도 사라졌고, 지역 선교라는 사명은 세계를 이끌고 최고를 추구한다는 사명으로 바뀌었으며, 작은 나라의 GNP와도 맞먹는 자산을 자랑하고, 세계의 대학을 서열화하는 어떤 조사에서도 1위 자리를 놓치지 않고 있다. 하버드 대학을 비롯한 미국의 큰 대학들이 벌이는 맹목적인 1위 다툼과 끝없는 자산 늘리기 경쟁은 현대 미국 대학들의 자화상이라 할 수 있다. 하버드 대학이 최고의 부와 명성을 갖게 된 이유는 무엇이고, 미국의 많은 대학들이 세계 최고의 대학이 된 이유는 무엇일까? 그것은 진리(Veritas)라는 이념도 아니고, 개신교 정신의 결과도 아니다. 20세기 미국이라는 부와 힘의 역사가 대학에 그대로 적용되었다고 보아야 한다. 물론 이것으로 모든 걸 설명할 수는 없다. 따라서 이유 설명에 필수적으로 포함해야 할 몇 가지를 정리해보자.

첫째, 미국의 대학이 유럽의 대학에 비해 국가의 통제를 거의 받지 않았다는 사실이다. 미국 특유의 정교 분리란 이념 때문에 종교의 영역이라고까지 할 수 있었던 대학 교육에 대한 관여가 매우 약했다. 국가의 이념적 또는 제도적 통제의 장치가 없는 상태에서, 대학은 실리적이고 실용적인 선택을 할 수 있었다. 실제로 미국의 주요 사립대학들은 미국이라는 나라가 독립 국가로 세워지기 이전에 설립되있다. 미국이 이민자들의 나라였기 때문에 민족의식이 없기도 했지만, 대학은 아예 미국이라는 나라의 역사보다 역사가 길다. 대학은 개신교 정신으로 설립되었지만, 국가는 기존의 권력이었던 개신교회의 영향력을 두려워했고 그로부터 자유로운 정치 제도를 만들었다. 민족도 대학이 섬겨야 할 이념을 주지 않았고, 교회도 여러 개신교회들이 갈등하며 공존하는 상황에서 대학을 통제하려는 노력을 거의 하지 않았다. 국가의 통제만 부재했던 것이 아니라, 개신교의 특성상 교회나 교리적 통제도 거의 없었다고 보아야 한다. 더군다나 19세기 중반, 곧 하버드 대학을 설립한 지 200년이 지난 후에야 그 학교를 졸업한 사상가 랄프 왈도 에머슨

(Ralph Waldo Emerson)에 의해 미국적인 학문에 대한 구상이 처음 나온다. 그 구상 자체도 그 후 실용주의 철학으로 발전했던 개인의 창의성과 실험 정신을 앞세운 사고였다. 이 사고는 유럽의 개신교회가 전통의 무게와 분쟁의 역사 탓에 발전시키지 못했던 개신교 정신이 깃든 철학이기도 했다.

그러나 19세기 중반 상황이 바뀌기 시작한다. 이 변화는 에머슨과 헨리 소로우의 잘 알려진 짧은 대화에서 드러난다. 요즘 하버드에서는 학문의 모든 가지들을 가르친다는 에머슨의 언급에, 소로우는 가지만 가르쳤지 뿌리는 다루지 않는다는 날카로운 지적을 한다. 미국 학문의 전통을 세운 두 사람의 대화였기 때문에 사람들의 기억에 남았다. 이 변화의 요인은 앞서 말한 베를린 대학에서 시작된 근대 대학의 출현을 들 수 있다. 그로 인해 고전 중심의 교육 과정에서 탈피해, 다양한 자연과학의 분야들을 가르치게 되었다. 또 하나의 요인은 산업화의 진전이라 할 수 있다. 증기 기관, 대륙횡단 철도, 생산의 공업화 등으로 기술 인력의 양산이 국가 차원의 과제로 떠오르게 되었다. 공과대학, 교육대학, 농업대학을 중심으로 한 주립대학들이 이때부터 생겨나기 시작했다. 이전까지 분명한 이념을 세우지 못했던 미국의 대학에 이념적 화두가 이때 하나 등장했다. 바로 '사회 봉사'(Social Service)라는 것이었다. 이 개념은 대학이 지키거나 되찾아야 할 민족적 가치를 전제하지 않았다. 중세 대학의 보편적이고 형이상학적인 가치를 상정하지도 않았다. 다만 산업화를 위한 국가의 정책을 받들어 삶을 이롭게 하고 생활을 개선하자는 실리적인 가치를 담고 있다. 미국의 실용주의 철학도 바로 이런 가치를 철학과 학문의 본질로 보았기 때문에, 미국의 대학은 이론과 실제 양면에서 발전과 생산과 같은 근대적 가치를 내면화할 수 있었다.

그렇다고 미국 대학에서 고전 중심의 교육이나 교양 위주의 자유 교육(Liberal Arts Education)이 사라진 것은 아니었다. 개신교 교단들이 세운 소규모 대학들이 지속적으로 그 역할을 해왔다. 더 중요한 것은 대학이 시대의 요구를 수용하여 기술교육과 직업교육을 하는 곳으로 변하는 것에 반발하여, 고전과 지성의 공간으로서의 대학의 의미를 찾으려 했던 로버트 허친스(Robert M. Hutchins) 같은 사람들의 노력이었다.

시카고 대학 총장이었던 허친스는 1936년에 쓴 『미국의 고등교육』(*The Higher Learning in America*)에서 당시의 상황을 대학 교육의 위기라 규정하고, 대학의 의미와 본질을 찾아야 한다고 주장한다. 그는 대학이 시대의 요구를 따르는 것을 사명으로 인식하게 되면, 현대의 대학은 이윤을 추구하는 기업의 수족이 될 것이라 예견했다. 자유 교육(Liberal Education)에 대한 강한 신념을 갖고 있었던 허친스 총장은 학부생들의 공부에 지장을 준다는 이유로 한때 막강했던 시카고 대학의 풋볼 팀을 해체해버렸다. 그는 당시 대학 교육의 또 다른 위기를 역사의 진보에 대한 그릇된 인식에서 찾았다. 세상은 진보하고 있으며, 과거는 가치 없는 극복의 대상이란 인식은 미국 사상에서 흔히 볼 수 있는 미국적 낙관론의 표현이라 할 수 있다. 허친스는 그런 사고가 물질 만능과 기술주의적인 사고와 만나 지성을 말살시킨다고 비판했다. 허친스의 대학개혁론은 아직도 그 전통이 시카고 대학의 학부교육에 남아 있다. 허친스와 같은 학자의 개혁론을 철저하게 적용한 대학이 메릴랜드 주의 세인트 존스(St. Johns) 대학이다. 1930년대 서구 고전(Great Books) 프로그램이라는 고전 중심의 커리큘럼으로 교육제도를 바꾼 이 대학은 현재까지도 그 전통을 고수해, 아직도 전공이 따로 없이 독서와 토론으로 수업을 이끄는 자유 교육의 전통을 이어가고 있다. 이와 같이 허친스의 대학개혁론은 현재까지 대학 철학의 한 축으로 자리 잡고 있다.

둘째, 19세기 중반 이후 현대까지 미국 대학의 발전사에서 빠질 수 없는 요소는 기업 운영(Business)을 다루는 경영학이 대학에 등장한 것이다. 경영학부(Business School)도 19세기 말 설립되기 시작했다. 이윤을 목적으로 하고, 그 합법성을 의심받던 기업(Corporation)을 연구하는 학문이라는 이율배반적인 측면 때문에, 경영대학은 초기에 기존 인문학 교수들에게 견제도 많이 받았다. 그러나 산업화가 가속화되면서 카네기, 록펠러, 벤더빌트 등 초유의 거대 재벌들이 생겼고, 인간과 동일한 권리를 지닌다는 기업이라는 법인체가 사회의 큰 세력으로 등장하게 되었다. 그들은 기업이란 법인체가 불법이고 정의롭지 못하다는 국민적 정서를 변화시키고 기업친화적인 사회 환경을 만들기 위해 많은 투자를 했고, 대학이라는 제도권 교육의 일부로 경영(Business) 교육을 지원할 필요까지 느끼게 된다. 펜실베이니아 대학을 시작으로 시카고 대학, 버클리 대학, 하버드 대학 등에서 경영학부를 열면서 기업과 경영의 연구는 학문으로 자리 잡게 되었다. 이윤 창출을 연구하는 경영학부는 대학의 재정적 발전에 큰 도움을 주었고, 대학이 기업을 따라가다 보니, 대학 전체에 큰 영향력을 행사하게 되었다. 더 나아가 비즈니스 스쿨이 20세기 자본주의 발전에 큰 공헌을 했다는 사실을 어느 누구도 부인하지 않는다. 따라서 미국의 대학들이 세계 최강이라는 위치를 차지하게 되기까지 경영학부의 공헌이 컸음을 부인할 수 없다. 사본주의의 기업 운영 방식과 가치는 대학을 넘어 사회 전체에 팽배해 있음도 부정할 수 없다. 최근에는 나와 내 자신의 관계를 '경영'이란 용어로 표현하는 것을 보게 된다. '자기 경영'이란 말을 별 의미 없이 쓸 수 있는 사회는, 자본주의가 인간의 사회적 관계를 넘어 의식까지 지배하는 사회다. 이에 대해 대학의 역사와 위기라는 차원에서 두 가지를 지적하고자 한다.

앞서 언급했듯이 전통적인 대학은 전문직(Professional)을 양성하는 세 학부가 있었다. 바로 신학, 법학, 의학부였다. 경영학부는 20세기에 들어와 네 번째 전문학부 또는 대학원으로 자리 잡았다. 구체적인 학문의 내용과 대상과 목적이 없는 경영학이 전문학부가 될 수 있는가 하는 질문은 정당한 문제제기이다. 그러나 여기서 지적하고자 하는 것은 경영학이 등장하여 중심적인 학문으로 자리 잡은 20세기의 역사는, 신학이 주변으로 물러나는 역사였다는 것이다. 또 오래전 대학에서 볼 수 있었던 신학의 역할, 즉 학문에 궁극적 의미를 부여하고, 대학의 제도를 통제하고, 대학에 목적을 부여했던 역할을 경영학부에서 맡고 있다고 할 수 있다. 자본주의의 신(神)인 '시장'을 대변하는 경영학부는 그 신 앞에 대학의 섬김과 복종을 요구하고, 난해한 신학적 형이상학으로 무지한 이들의 일탈을 막고 있다. 또 다른 신학인 셈이다.

비즈니스 교육은 미국과 세계의 경제를 움직이는 데 제일 큰 영향력을 행사한다. 최근 비즈니스 교육에 대한 비판도 커지고 있다. 누구를 위한 교육이고 누구를 위한 학문인지 재고해야 한다는 것이다. 실제로 그 교육을 받은 기업과 금융권의 엘리트들이 세계화된 자본주의의 매니저로 세계 경제를 좌우하고 있다. 그들은 계산적 합리성을 추구할 뿐이지, 윤리나 역사를 학문의 내용으로 삼지 않는다. 비판적 사회 분위기에 이끌려 기업의 윤리는 최근 매우 중요한 개념으로 등장했고, 그 분야에 대한 연구까지 활발해졌지만 비즈니스 교육 과정의 통과 의례에 지나지 않는다. 최근 끊이지 않는 자본주의의 재난은 그 교육을 받은 사람들이 고안해낸 돈벌이 게임 때문이라는 게 중론이다.

셋째, 20세기 미국 대학의 변화에서 비즈니스 교육이 대학의 학문으로 등장한 것이 큰 사건이지만, 미국의 대학이 오늘의 위상을 갖게 만든 주된 요인은 냉전 체제에 있다. 즉 소련과 세계의 패권을 놓고 벌이던 경쟁의 시대에 미국의 많은 대학들이 군수 산업의 한 축으로, 국가의 엄청난 지원을 받으며 냉전에 참여했고, 그로 인해 큰 발전을 할 수 있었다는 것이다. 미국의 대학들이 현재 세계 최강으로 군림하게 된 여러 이유가 있겠지만, 냉전 시대 당시 미국 대학의 행적은 그 이유에서 빠질 수 없다. 물론 당시 대학에 대한 국가적 지원이 군수 산업과 관련된 분야에만 국한된 것은 아니었다. 사회주의권과의 싸움에서 전략적 우위를 지킨다는 것은 모든 지식의 전략화를 의미했다. 심리학, 인류학, 사회학 등도 전략적 연구를 위한 지원을 많이 받았다.

1990년대 이후 냉전의 대립 시대가 끝나고, 그동안 밝혀지지 않았던 자료들이 공개되면서 냉전 시대에 대한 연구가 활발하게 이루어지고 있다. 그 연구의 하나는 냉전 시대와 대학의 연관성에 대한 의혹을 밝히는 것이었다. 그 결과를 크게 종합해보면, 미국의 주요 대학들이 미국의 군수 산업을 위한 연구에 앞장섰고, 냉전 체제를 거치면서 미국의 대학이 크게 바뀌게 되었다는 것이다. 그 대표적인 예가 MIT와 스탠포드 대학이다. 특히 스탠포드 대학은 1930년대까지만 해도 특별한 명성이 없는 변방의 대학이었으나, 적극적으로 군수 산업을 위한 연구 기금을 유치하고 그 돈으로 연구와 인적 투자를 하면서 최고의 리서치 대학으로 성장했다. 미국의 거의 모든 주요 대학들이 냉전 체제 유지에 동참했던 그 시대의 역사는 미국 대학 역사에서 자랑스럽지 못한 부분이다. 진리 추구라는 표어를 내세우는 대학이 무기 만드는 일에 열중했다는 사실은, 누가 보아도 문제가 있는 일이기 때문이다. 냉전 시대 당시에는 이에 대한 내부적인 비판이 거의 없었고, 그 일을 주도한 대학을 책임지고 있었던 사람들도 "연구"라는 차원만 부각시키며 국가의 지원금을 받는 일에 몰두했지, 무엇을 위하고 누구를 위한 연구인가 하는 질문엔 관심이 없었다. 인류를 말살시킬 무기를 만드는 연구를 하면서도, 과학과 연구를 한다는 명목하에 모든 게 용서되고 잊히는 분위기였다. 지금까지 미국의 어떤 대학도 그 시대의 행적에 대해 공식적인 사과나 반성을 한 적은 없는 것으로 안다.

그러나 그와 같은 대학의 실태에 대한 강한 비판을 전혀 예기치 않은 곳에서 발견할 수 있다. 군인으로 전쟁 영웅이 되었고 또 그 명성으로 대통령까지 지냈던 아이젠하워 대통령의 고별 연설이 바로 그것이다. 대학이 해야 할 반성을 대통령이 한 격이다. 아이젠하워는 자신의 50년 공직 생활을 마감하면서 개인적 소감과 함께 미국이 세계 최강의 국가로서 처한 문제에 대해 언급한다. 특히 군수 산업에 치중하는 국가적 투자가 야기하는 문제를 지적하면서, 국가의 막대한 지원 탓에 미국 사회와 대학의 학문 활동 자체가 왜곡될 것이라 경고한다. 세상과 거리를 둔 학자, 스스로의 생각을 따르는 학자의 모델이 사라지고 있음을 지적하고, 지적인 관심으로 움직이는 학문 연구의 가치도 국가 지원을 받는 데 몰두하는 대학에서 사라지고 있음을 안타까워했다. 돈이 연구의 목적이 되면서, 대학은 더 이상 자유로운 이상의 공간으로 존재하지 못한다는 말이기도 했다. 또 과학기술의 엘리트들이 국가 정책을 결정하면서, 자유로운 사회의 민주적 원칙도 흔들리게 되는 위험이 있다고 경고했다.

아이젠하워의 연설은 군산 복합(Military-Industrial Complex)이라는 냉전 시대의 산업 구조 문제를 지적한 것으로 큰 가치가 있다. 대학이 국가의 지원으로 군수 산업의 한 축을 담당하면서 타락해가는 것에 대한 우려와, 과학기술자들이 국가 정책을 좌우하면서 민주주의를 위협할 수 있다는 지적은 한 나라의 대통령에게 기대하기 힘든 날카로운 것이다. 그러나 그 지적은 별다른 반향을 불러일으키지 못했다. 대학의 본질과 현실에 대한 많은 질문을 야기하는 연설이었지만, 냉전 시대 역사에서 그 역사의 본질을 꼬집었던 한 순간으로만 남아 있다.

냉전 시대가 대학 학문에 미친 또 다른 영향은 지역학이라는 분야를 탄생시킨 것이다. 1940년대 소련을 연구하기 위해 처음 생겨난 지역학의 개념은, 학문 분야의 경계를 넘어 다양한 전문가들을 참여하게 만들어 그 지역을 통합적으로 이해하자는 목적을 갖고 있었다. 처음에는 대기업들이 출연한 기금으로 시작했으나 1950년대부터는 미국 정부도 지원자 대열에 동참한다. 냉전이 끝난 후에 지역 연구의 개념은 전 세계를 포함하는 개념으로 발달한다. 한국학이란 개념도 미국 대학의 그런 역사에 뿌리를 두고 있다. 연구의 대상을 학과(Discipline)의 구분이 아니라, 지역으로 나누어 생각하는 것은 학문적인 요구로 또는 공부하는 사람들의 필요로 시작하지 않았다. '학과' 로 나누어진 학문의 경계도 그 정당성을 물어야 하지만, 냉전 시대 지역학의 발달은 정치적인 목적으로 시작했다. 분야에 관계없이 그 지역(예를 들면 동유럽, 중남미, 동아시아 등)을 연구한 다양한 전문가들이 모여 그 지역을 분석하고, 궁극적으로 관리할 수 있는 전문 인력을 만드는 것을 목적으로 한다. 때에 따라 정보부 차원의 지원이 있었음은 물론이다. 현재 미국 대학에서 지역학이란 개념은 인문학과 사회과학을 통합하는 중요한 연구 방식으로 자리 잡고 있다.

냉전 시대로 말미암아 미국 대학의 체제와 문화는 크게 변했고, 그 변화는 현재까지도 흔적을 찾아볼 수 있다. 국가 차원의 전략적 지원은 많이 줄었어도, 외부 기금을 따오는 데 몰입하고 연구를 위한 연구를 실행하는 모습이 그것이다. 외부에서 돈을 얼마만큼 받아오는지가 경쟁력의 잣대가 되고, 학자가 전문 인력이 되어버린 현 상황은 아이젠하워가 염려했던 그대로 이루어진 것이라 할 수 있다.

냉전 체제에서의 지식인의 역할을 가장 신랄하게 비판한 글은 노암 촘스키가 베트남 전쟁이 진행 중이던 1967년에 쓴 『지식인의 책임』(*The Responsibility of Intellectuals*)이라는 에세이였다. 40년이 지난 현재까지도 그 중요성을 인정받고 있는 그 글의 요지는 매우 간단하다. 지식인들은 사회에서 혜택을 입은 특권층이기 때문에, 국가 권력의 비도덕적인 면을 비판할 책임이 있다는 것이다. 그 역할을 못할 때, 즉 거짓을 덮어두고 진실을 밝히지 못할 때, 지식인은 그의 사명을 저버리는 것이다. 촘스키는 미국의 지식인들이 지식인의 책임과는 반대로 국가 권력의 비도덕성을 정당화하는 역할을 하고 있고, 대학은 그런 지식인들을 만들어내고 있으며, 그런 지식인들이 운영하고 있다고 비판했다. 그런 지식인들의 관심은 기술적이고 전술적인 차원에만 국한되어 있어서, 사회 전체를 보거나 더 큰 권력의 하수인 역할을 하는 자신들의 모습을 보지 못한다. 체제를 유지하는 전문가(Expert)가 된 지식인은 자신의 영향력과 사회적 위치에 매몰돼 국가 정책의 도덕적인 문제에 대해 침묵한다. 미국에서 지식인이 유지하는 체제란 바로 세계를 지배하려는 의지를 갖는 제국주의다. 제국적인 영향력을 지키려고 모든 문제는 기술적인 전문성을 바탕으로 한 정책으로 풀어야 한다. 윤리적인 문제는 가치의 문제이기 때문에 정책의 대상이 될 수 없다는 발상이 나온다. 촘스키는 미국의 대학이 자유로운 사고를 억제하고, 체제 유지의 도구가 되었다고 비판한다. 특히 헨리 키신저나 아서 슐레진저 같은, 교수 출신으로 당대 최고의 지성이라는 사람들이 미국의 제국주의 군사 정책을 정당화하는 데 앞장서는 행태에 분개한다. 촘스키는 냉전 시대 이후의 군수 산업 체제에 편승해 지식인의 공동체라는 역할을 포기한 대학들에 대한 비판을 멈추지 않는 대표적인 미국의 지식인이다.

최근 미국 대학 내부에서 반성의 목소리가 높아진 것도 사실이다. 냉전 시대에 대한 직접적인 반성이라고는 할 수 없으나, 대학이 기업화되면서 교육적 본질을 상실했다는 비판의 글들을 최근에 쉽게 접할 수 있다. 대표적인 예가 하버드 대학 학장직을 역임한 해리 루이스가 쓴 책이다. 『혼을 잃은 최고』(*Excellence Without a Soul: How a Great University Forgot Education*, 2006)라는 책은 하버드 대학에 대한 책이지만, 현대 미국 대학의 현실을 대변한다고 볼 수 있다. 최고만 추구하던 대학이 교육을 망각하게 되었다는 책의 제목은 시사해주는 바가 크다. 루이스는 대학이 교육보다 소비자 만족에 더 신경을 쓰게 되었다고 비판한다. 대학이 기업과 같이 운영되는 상태에서 학생은 소비자가 된다. 소비자는 브랜드 가치를 찾아 대학을 지원하고, 하버드와 같은 대학은 그 이름이 지닌 브랜드 가치를 지키려고 노력한다. 소비자를 만족시키려고 고객이 원하는 교육에 치중하면서 교양필수 과목들이 줄어들게 된다. 브랜드 가치를 지키려고 돈 모으기 경쟁을 치열하게 벌인다. 기업화되면서 국가나 사회에 대한 헌신과 봉사란 이념이 퇴색되었고, 자유로운 인간을 추구하는 교육적 이념도 말밖에 남지 않게 되었다. 왜냐면 기업주의는 국가나 사회를 초월하여 이윤을 추구하는 것을 목적으로 하기 때문이고, 자유로운 인간을 만드는 것은 전문인 양성이라는 제도권의 지향과 맞지 않기 때문이다.

루이스의 비판은 이런 분위기에서 미국의 대학이 혼을 잃었다는 지적에서 절정을 이룬다. 혼을 잃어버린 것과 동시에 이상과 이념도 잃게 되었다고 한다. 학생들의 정신과 지성을 다듬을 도덕적 권위도 포기했다고 한다. 인간이 바르게 산다는 게 무엇인가 하는 이상적이고 형이상학적인 질문은 더 이상 대학의 책임이 아니라 주장하게 되었다고 한다. 교수에게도 리서치 기술만 요구했지, 인격이나 덕망을 보여주고 가르치는 것은 교수의 역할과 관계없는 것으로 간주하게 되었다고 한다.

루이스는 하버드 대학이 소비자본주의의 포로가 된 과정을 비판하면서, 사라져가는 고전적인 대학의 모습에 대한 애착도 드러낸다. 인간의 삶에 대해 깊이 있는 질문을 할 수 있는 사람을 만드는 교육, 인간 역사의 다양한 지적 전통을 배우고 그 한계를 지적해낼 수 있는 사람을 만드는 교육이 그것이다. 루이스는 그런 배움을 통해 자신의 삶을 점검하고 개척할 수 있는 사람을 만드는 교육이 이상적이라 생각한다. 그러나 그것은 루이스 자신만의 생각이 아니라 서양의 자유 교양(Liberal Arts) 전통에서 일관되게 견지해온 철학이라 할 수 있다. 교육 철학보다는 관료 체제가 대학을 이끌어가는 시대에, 대학의 행정은 갈수록 기업과 금융가의 사람들이 좌우하게 된다. 학생이라는 소비자를 만족시키려고 대학에 위락

시설을 많이 만드는 건 한국이나 미국이나 마찬가지이다. 한국의 한 대학의 발전 기획 안을 최근에 본 적이 있다. 내용 중에 품격 있는 카페를 여러 곳에 만들겠다는 제안이 유난히 눈길을 끌었다.

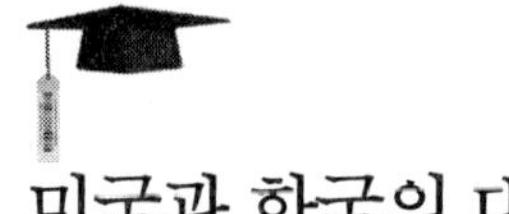

미국과 한국의 대학

한국 대학의 역사를 일부 살펴보기에 앞서, 먼저 한국과 미국의 대학이 처해 있는 현실을 역사적인 관점에서 비교해보고자 한다. 우리가 살고 있는 글로벌 자본주의 시대 또는 신자유주의 체제는 문화나 국가의 차이를 인정하지 않는다. 열림과 개방을 주장해온 서구 자본주의의 역사는 식민지 세계화로도 이루지 못한 꿈을 금융권 세계화를 통해 이루어냈다. 문화의 가치와 지성의 가치는 힘과 경쟁과 자본의 가치 앞에 함몰하였고 우리는 그것을, 정신이 아닌 여가의 차원으로 인식하게 되었다. 이 세계화의 행진은 냉전 시대가 끝난 뒤 급속도로 진행되었고, 이상(理想)에 뿌리가 있는 대학은 정리해야 할 마지막 요소로 전락했다. 이 상황은 모든 대학이 공통적으로 접하고 있는 문제이지만, 기억해야 할 것은 이 상황이 이데올로기적이고 정치적인 목적으로 만들어진 면이 크다는 것이다.

대학이 1990년대 이후 신자유주의 체제로 그 성격을 바꾸도록 요구받아왔으며, 그 체제로의 전환이 많이 이루어졌음을 아무도 부정할 수 없다. 여기서 신자유주의 체제로의 전환이란 대학 사회를 조건 없는 경쟁의 장으로 변화시키고, 대학의 운영을 자본주의 기업 운영의 모델로 대체시키고, 자본의 싸움터로 바꾸는 것을 말한다. 이 변화를 거스를 수 없는 세계적인 추세라 하지만, 그 의도를 쉽게 두 가지로 파악할 수 있다. 즉 기업과 자본의 논리로 세계를 평정하려는 자본주의 철학과 대학의 비판적인 기능을 없애려는 정치적 판단이다. 앞서 나는 이 변화의 시작을 1960년대로 보았다. 미국의 반전, 평화운동과 같은 반체제 운동을 대학이 주도했고, 그에 대한 보수 세력의 반발이 레이건을 앞세운 1980년대 초반 보수주의 혁명으로 불리는 신자유주의 체제를 등장시켰다. 대학의 반체제적이고 비판적인 습성을 고치는 방법 즉 대학 길들이기 방법으로 채택된 것이 자본주의 경쟁 체제의 도입이었다. 대학을 여론과 통계로 평가하고 서열화시키는 작업이 1980년대 이후 집중적으로 이뤄지면서, 지기 싫어하는 대학의 명예와 자존심을 건 끊임없는 경쟁의 시대가 시작됐다. 자본주의하에서 제일 중요한 경쟁은 돈의 경쟁일 수밖에 없고, 기금 모금과 금융권에서의 자산 불리기는 대학 행정의 목적이 되어버렸다.

자산이 수백억 달러나 되는 하버드 대학 관계자에게 왜 대학이 돈을 그렇게 많이 필요로 하는가 물으면 '미래의 경쟁력'을 위함이라는 답을 듣게 된다. 미국 정부는 대학이 특허를 소유하고 이를 팔아 돈벌이 하는 것을 금지했던 법의 규제를 풀어, 대학의 특허 경쟁까지 조장했다. 미국의 대학은 일반 기업과 같이 무디스와 같은 신용평가 회사에게 신용 등급 판정을 받는다. 미국의 큰 대학들은 기업 중에서도 큰 기업들이기 때문이다. 학위라는 상품의 품질 관리와 소비자인 학생의 만족도를 높이는 게 대학의 주된 목표가 된 상태에서, 교육보다 행정이 우선시된다. 만족도를 측정하는 '평가산업' 은 대학을 볼모로 급속도로 성장하고 있고, 평가라는 용어는 고등교육의 가장 큰 화두가 되었다. 평가산업은 더 '과학적' 인 평가를 하려고 끊임없이 새로운 평가의 기준과 방법을 연구해내고, 대학은 이를 만족시키기 위해 시간과 자원을 쓸 뿐만 아니라, 어떤 평가를 받을 수 있는지를 사전에 예측하여 정책에 반영하기도 한다. 실제로 교수들은 강의계획서에서 무엇을 가르칠 것인가와 더불어, 어떤 배움의 결과를 기대하며, 그것을 어떻게 평가할 것인가를 명시하도록 요구받고 있다.

교육의 목적을 인적 자원을 만드는 것으로 생각하거나, 교육을 응용과학의 차원으로 이해하는 것은 지극히 이념적인 배경에서 나온 발상이다. 인간을 자본주의 생산의 한 요소로 보고, 교육을 그 자원을 만드는 과정으로 판단하는 인식이 보편적으로 자리 잡고 있는 상황은 글로벌 자본주의 이념이 승리한 것이라 아니할 수 없다.

그와 더불어 지식과 교육에 대한 공학적인 인식도 늘고 있다. 오차 없는 계산을 통해, 쓸모 있는 것을 만드는 공학의 방법으로 생산해내고자 하는 것은 예측과 측정이 가능한 인간이다. 주체가 아닌 객체로 관리의 대상, 통제의 대상인 인간, 역사의식보다는 조직의 일원으로 살아갈 인간이다. 대학을 졸업하고도 시험 걱정을 해야 하는 인간, 스스로를 경영의 대상이라 믿는 바로 그런 인간이다.

여기서 말하고자 하는 것은 현대 대학을 비판하지 말자는 것이 아니라, 최근 흔히 들을 수 있는 대학의 비판이 이데올로기적인 성향을 갖고 있음을 지적해야 한다는 것이다. 한국 대학에 대해 지난 10년 동안 제기된 많은 비판이 있다. 대학이 사회의 어느 부분보다 더 자기 비판적이어야 하지만, 그동안의 비판은 세계화 시대의 정치와 연관이 컸다. 그 때문에 미국이나 한국이나 같은 비판을 들어왔다. 세계에서 최강국인 미국의 대학과 작은 분단 국가인 한국의 대학은 같은 비판을 들을 만큼의 역사적, 문화적 공통점이 없다. 비판은 이런 것들이다. '대학들이 서로에 대한 경쟁력을 키우지 않아서 국가경쟁력을 떨어트릴 위험에 있다.' '대학이 산업과 기업에서 필요한, 즉 수요자들이 원하는 것을 가르치지 않고 있다.' '대학 교수들이 종신직(Tenure)을 얻거나 직급이 오르면 안일하게 놀기만 하는 경우가 많아, 종신직 제도 자체를 없애든지 진급을 위해 연구 평가와 연구 성과의 기준을 대폭 높여야 한다.' '대학의 경쟁력을 높이기 위해 정부의 지원을 크게 줄이고, 산업협동이나 기업과 연계하여 자구책을 마련해야 한다.' 이런 비판들은 한국이나 미국에서 그동안 흔히 들을 수 있었다. 앞서 언급했듯이, 그 목적은 대학을 기업화하여 자본주의 체제 내부로 완전히 몰입시키고자 하는 데 있다. 이에 대한 대학의 반응은, 미국의 대학들보다 재정적으로 취약하고 정부의 통제를 많이 받는 한국의 대학이 더 수동적이고 또 수용적일 수밖에 없다.

요즘 한국의 대학은 국가 권력보다 더 적극적으로 글로벌이란 구호 아래 위에 언급한 비판들을 적극 수용하고 있다. 서로 경쟁하듯 글로벌 대학이 되겠다고 한다. 여기서 글로벌의 의미는 대학이 기업형으로 다시 태어나, 경쟁력을 높여 세계 우수대학 랭킹에 들자는 뜻과, 그의 일환으로 영어로 강의를 하는 과목을 늘려 영어 경쟁력을 높이자는 것으로 압축된다. 마케팅이 모든 대학의 초미의 관심이 된 것은 이 흐름에서 당연하다. 이미 이런 변화가 많이 이루어진 상황에서, 그 정치적 의도에 대해서는 별 관심을 보이지 않는다. 대학의 본질과 의미를 논하자는 건 새삼스럽기까지 하다.

흔히 한국의 대학에서 대학 강국인 미국을 선진적인 제도를 소유한 것으로 보고 모델로 삼는 것을 보게 된다. 그러나 대학은 현실 속에서 존재하고, 역사와 문화와 정치적 관계 속에서 형성되어온 것임을 무시해서는 안 된다. 미국과 한국의 대학을 비교할 때, 가장 큰 차이는 고등교육이 두 나라에서 차지하는 의미와 비중이라 할 수 있다. 미국은 교육이나 배움을 특별히 중요시하는 문화를 갖고 있지 않았다. 여기서 기독교 문화와 유교 문화의 차이를 떠올릴 수 있다. 기독교에서 구원에 이르는 길은 믿음이지 배움이 아니다. 유교에서 구원이 있다면 그것은 배움을 통하지 않고는 갈 수 없는 길이다. 한국과 같은 유교 문화권에서 교육은 종교적 가치를 지닌다. 반면에 미국에서 교육을 국가 차원의 문제라고 보게 된 것은 자본주의 경쟁 체제가 도입된 이후로 최근의 일이다. 미국의 대학은 사립대학으로 시작했다. 공립대학도 국립이 아니라 주립대학이다. 주립대학의 목적은 직업교육이었다. 더군다나 초등, 중등 교육은 주 차원의 교육이 아니고, 시나 마을 단위의 자치적인 통괄 아래에 있다. 교육이 사립이고, 지역적인 개념 아래 이루어졌기 때문에 중요하지 않았다는 것은 아니다. 다만 인식의 차원에서, 교육은 사적인 공간이라는 생각이 지배적이었다는 말이다. 의무교육이라는 제도가 생긴 이후 이에 대해 미국인들은 꾸준히 반대를 해왔다. 주로 학교가 세속적인 교육만을 강조하고, 윤리적인 이슈들에는 중립적인 입장을 표시하는 것에 대한 불신이었다. 학교가 아닌 집에서 교육시키는 홈스쿨링(Home Schooling)은 이런 정서를 반영하는 교육 양식이고, 제도적으로 허용돼 있을 뿐 아니라, 현재 전체 학생 중 3%가 이 제도로 교육을 받고 있다. 연방 정부의 교육부가 1867년 처음 생겼으나, 교육에 대한 통제를 두려워한 사람들의 반대에 부딪쳐 일 년도 채 넘지 못해 문을 닫았고, 내각의 부서로 자리 잡게 된 것은 1981년 레이건이 대통령이 된 이후였다. 아직도 교육부가 폐쇄되어야 한다고 생각하는 사람들이 많다. 현재 미국의 교육부가 가장 활발하게 하는 일은 신자유주의 교육 정책을 실현하는 일이다. 미 교육부는 일제고사를 통해 학교들을 서열화하고, 평가산업을 확산시키고, 경쟁을 제도화하는 일들을 맡아 하는 강력한 부서가 되었다.

한국의 대학 교육이 다른 어느 나라의 고등교육 제도와 마찬가지로 현실과 이상 사이에서 갈등과 문제를 안고 있지만, 기본적인 가치관에서 미국과 매우 다르다는 것을 인정해야 한다. 대학의 자율권과 연관된 문제를 살펴보자. 미국의 대학이 누리는 자율은 대학이기 때문에 주어진 권한이 아니라, 국가적 관심이 약했고, 사적인 공간이라는 인식 혹은 무관심의 표현일 수도 있다. 바꾸어 말하면 자율이라기보다는 단순히 자유를 누리는 것이라고 볼 수 있다. 이것을 지금 상황이라면 곧 폐지될 위기에 처한 한국 대학 입학의 '삼불정책'과 비교해 생각해볼 수 있다. 실제로 대학 입학에서 본고사, 기부 입학 그리고 고등학교의 서열화를 금지하는 이 정책에 반대하는 목소리가 특히 대학 내부에서 높다. 미국의 대학들과 같이 학생을 선발하는 절대적인 자율권을 한국의 대학도 가져야 한다는 주장이다. 여기서 미국 대학들이 학생을 선발하는 과정과 그 역사를 살펴볼 필요가 있다. 미국의 대학들은 아직까지도 학생을 선발하는 데 아무런 공적인 제약이 없다. 따라서 선발의 공정성은 언제나 대학의 주관적 판단에 의거한 것이었다. 대학들이 독특한 배경과 종교적 특성이 있었기 때문에, 각 대학에 맞는 학생을 뽑는 게 일차적인 목표였다. 어느 대학에서 어떤 식으로 학생을 선발하든 그것은 외부에서 간섭할 문제가 아니었다.

미국의 주요 대학들은 20세기 초반까지 백인 남학생 중에서 성적이 괜찮고, 집안에 그 대학 출신이 있고, 추천자가 별 이의를 제기하지 않으면 입학이 되는 것으로 이해했다. 상황이 변하기 시작한 건 20세기 초반 특히 동유럽에서의 이민이 크게 늘면서부터였다. 이민자들이 언어와 문화의 차이를 극복하고 새로운 사회에 적응하는 길은 예나 지금이나 교육이었다. 대학의 문을 두드리는 학생들이 늘어났고, 특히 유대인 학생들이 아이비리그 대학에 진학하는 비율이 갑자기 증가했다. 이때 대학 입학의 조건으로 측정하기 힘든 품성이나 창의력, 리더십과 같은 요소들이 공개적인 심사 요소로 등장한다. 유대인 학생들의 입학률을 줄이려는 방책이었다. 당시 유대인 학생들이 아이비리그 대학들에 대거 입학하기 시작하자, 졸업생들과 학부모들의 거센 항의가 쏟아졌다. 유대인 학생들의 비율을 줄이고, 개신교 백인 학생들의 비율을 높이고자 고안해낸 방식이 입학 절차를 바꾸는 것이었다. 이것은 미국의 대학사에서 비교적 널리 알려진 사실이지만 최근 버클리 대학의 카라벨(Karabel) 교수가 『선택받은 학생』(*The Chosen: The Hidden History of Admission and Exclusion at Harvard, Yale, and Princeton*)

이란 책에서 자세히 다루고 있다. 미국 사립대학의 역사에서 학생 선발이 객관성이 없다는 이유로 문제가 된 적은 없다. 자율이라는 개념도 쓰이기 이전, 대학 입학은 단지 학교와 학생의 개인적인 관계였고 계약이었을 뿐이었다. 최근에는 달라졌어도 영향력 있는 영국계 개신교 가문의 자녀들은 당연히 하버드, 예일, 프린스톤 대학에 입학하는 것으로 알고 있었고, 특별히 입학 경쟁률이 있는 것도 아니었다. 아버지와 아들이 모두 대통령직을 역임한 부시 집안을 쉬운 예로 들 수 있다. 학교에서 공부를 잘하지 못했다는 것을 본인도 인정한 아들 부시는 예일 대학을 나왔다. 그는 코네티컷 주의 명망 있는 가문의 출신으로, 자신의 할아버지에서 딸까지 4대가 예일 대학 출신이다.(그의 고조할아버지도 예일 출신이었다). 이런 식으로 한 가문과 연관을 맺는 건 대학의 자유였다. 하지만 20세기 초반 유대인 학생들이 성적만으로 대거 입학하면서 문제가 생기기 시작했다. 유대인 학생들이 너무 많아서 대학의 전통적 색채가 깨진다는 졸업생과 학부모들의 반대가 극심해졌다. 그러자 성적이 월등이 좋은 유대인 학생들을 줄이기 위해 고안해낸 입학 정책이 학생들의 품성 혹은 됨됨이를 본다는 것이었다. 유대인이기 때문에 받지 않겠다는 말은 공개적으로 할 수 없었기 때문이다. 입학을 지원한 학생이 유대인인지 아닌지 확인하기 위해, 그 학생의 양쪽 집안에서 썼던 이름을 밝히게 했고, 일률적으로 추천서를 제출하게 했다. 유대인 학생들이 주로 공부에만 치중하는 경향이 있었기 때문에, 과외 활동이나 봉사 활동 또는 스포츠에서는 약했다. 따라서 품성과 리더십 가능성을 본다는 이유로 그런 활동을 한 학생들을 우대하기 시작했다. 이 방식은 현재까지 적용되고 있다. 졸업생의 자녀들을 우대하는 제도 역시도 적극적으로 운용되어 유대인 학생들의 비율을 줄이는 데 쓰였다.*

1980년대에는 한국 학생들을 포함한 아시아 학생들이 뛰어난 성적을 내세우며 미국의 주요 대학에 대거 합격하기 시작했다. 유대인 학생들의 입학을 줄이기 위해 고안된 정책은 아시아 학생들에게도 똑같이 적용되었다. 현재도 같은 성적과 조건으로는 아시아 학생이 백인 학생에 비해 불리하다는 게 사실로 인식되고 있다. 미국 대학들은 공식적으로는 인종 차별을 하지 않는다고 말하지만, 다양성 있는 민주사회를 구현하려면 주관적인 판단이 개입해야 한다는 사실을 부인하지는 않는다. 입학 문제에 대해 사회적 관심이 약했던 미국에서도 최근 법적으로 대학의 권위에 도전하는 일이 있었다. 졸업생의 자녀나 후손에게 가산 점수를 주어 우대하는 정책이 차별이라는 판결을 받은 것이다. 이처럼 사회적 정당성을 찾을 수 없는 이 정책은 미국 교육제도의 뿌리 깊은 관습으로

---

*이 역사와 관련해 흥미 있는 사실이 있다. 뉴욕 시립대학은 학문적 전통이나 명성은 없었으나, 여러 이유로 아이비리그 대학에 가지 못한 유대인 학생들의 대안이었다. 뉴욕 시립대학을 졸업한 노벨상 수상자는 열두 명이나 된다. 거의 모두가 유대인이고, 모두 1930년대에서 50년대 초반 사이에 대학을 다닌 사람들이다.

현재까지도 미약하나마 남아 있다.

대학이 어떤 학생을 선발해야 하는가는 여전히 숙제로 남는다. 한국 대학의 화두는 어떻게 '글로벌'을 이룰까 하는 것이지만, 미국의 대학은 '다양성'을 대학 공동체 내에서 이루어내는 것을 제일 큰 과제로 삼고 있다. 인디언들을 학살하고, 아프리카인들의 노예 노동력에 기대 강국이 된 나라가 미국이다. 미국은 비교적 최근에야 억압과 차별로 교육의 기회를 균등하게 누리지 못했던 이들에게, 더 많은 교육의 기회를 마련해주는 게 옳다고 깨달았다. 미국의 주요 사립대학들은 1970년대에 들어와서야 여학생들을 받아들이기 시작했다. 따라서 어떻게 미국의 다양한 인종들을 비교적 공평한 비율로 대학에 입학하게 하여, 다양성이 있는 캠퍼스를 이룰 것인가는 미국 대학의 특별하고도 중요한 과제이다. 학생 선발에 대한 정답은 그 사회의 상황에서 찾을 수밖에 없다. 중요한 것은 사회적 합의를 도출해낼 수 있는 정책이어야 한다는 것이다. 만약에 합의가 조금 부족한 정책이라면, 분명히 사회적 약자를 우선하는 것이라야 한다.

삼불정책의 폐지와 함께 기부입학제를 한국 대학에서 허용해야 한다는 주장이 강하게 제기되고 있다. 그 이유로 듣게 되는 건, 기부입학제를 포함한 대학의 자율이 미국과 같은 나라의 대학 발전의 원동력이라는 말이다. 그러나 미국의 어느 대학도 기부입학제를 제도적으로 운용한다고 말하지 않는다. 학교의 명예를 높이고 학교 발전에 도움을 줄 수 있는 학생을 우대한다는 말은 할 것이다. 연예인이나, 유명한 운동선수를 뽑는 것이나, 재벌의 자녀나 정치인의 자녀를 선발하는 것을 모두 같은 맥락에서 이해한다. 학교에 이익이 되는 학생을 뽑는다는 것이다. 여기서 또다시 한국과 미국의 교육 문화의 차이를 생각하지 않을 수 없다. 물론 그 문화 역시도 변하는 것이지만, 현재 미국 대학의 입학제도는 지난 300년 동안의 역사를 통해 만들어진 문화적 상황에서 허용되는 것이다. 그 상황이란 궁극적으로 대학 교육을 학생과 학교와의 사적인 계약 관계로 인정하는 것을 말한다.

한국 대학의 역사만을 두고 볼 때, 미국의 주립대학과 제도와 운영에서 뿌리가 같은 면이 있고, 또 현재 신자유주의 체제 아래 그 모습이 급속도로 닮아가는 면도 있다. 그러나 대학의 사회적 역할에서는 크게 다르다. 그 이유는 교육에 대한 이념적 가치관에서부터 차이가 크게 나기 때문이다. 앞서 언급한 대로 미국 문화의 핵심은 교육과 배움에 있지 않다. 오히려 배운 사람이 특별하지 않다는 반지성주의가 미국 문화에 팽배해 있었다. 미국의 실용주의는 어떤 철학보다 지식인이 아닌 일반인의 상식을 높이 평가해주는 철학이다. 미국의 인간, 즉 전형적인 미국 사람은 개인주의자이다. 타인의 도움 없이, 선과 악에 대한 단순하고 간단한 판단의 기준으로 자기주장을 굽히지 않고 세상에 맞서는 사람이다. 이것에서 한국의 문화적 가치와 반대되는 면이 많음을 쉽게 알 수 있다.

그렇다고 한국의 교육 문화를 정상적이라 생각하는 사람은 없다. 배워야 인간이 된다는 생각은 변질되어, 좋은 대학을 나와야 인간 노릇을 할 수 있다는 냉소적인 탄식이 되었다. 최근에는 국가권력까지 동원되어, 초중고의 모든 학생을 시험 성적 순으로 나열하려 하고 있다. 학교가 인격 형성이라는 교육의 본질을 추구하는 곳이라는 생각은 고답적이고 비현실적인 것으로 간주되기 일쑤다. 그러나 한국에서는 왜곡된 상태에서라도 교육에 대한 기대와 관심이 종교적인 열망처럼 자리 잡고 있다는 사실은 부인할 수 없다. 한국의 대학은 이런 상황에서 학문의 자율은 주장할 수 있어도, 제도적인 자율을 주장하기에는 그 공적인 역할이 현재까지 매우 크다고 볼 수 있다. 여기서 공적인 역할이란 대학 입학 과정이, 가진 자에게 이롭게 되어서는 안 된다는 사회적 합의에 충실해야 함을 말한다.

2008년 미국 사회에 대학 입학을 둘러싼 스캔들로 크게 부각된 사건이 있었다. 일리노이 주의 대표적인 주립대학인 일리노이 대학이 주 정부 관계자들을 비롯한 권력층의 자녀들을 특별하게 관리하였고 실력이 부족한 학생들을 입학시켜왔다는 게 언론에 의해 폭로된 것이다. 언론의 집요한 조사 끝에 비리 보도는 사실로 드러났고, 총장을 비롯한 모든 관계자들이 사임하는 사태로까지 번졌다. 그러나 미국의 대학에서 일하는 사람의 입장에서 볼 때 이 사건에서 제일 놀라운 사실은 이 문제가 그렇게 큰 사건이 되었다는 것이다. 미국의 대학은 현재까지도 학생 선발은 한 학생의 전체적인 모습과 가능성을 본다는 뜻에서 학교 성적에서 출신 가문까지 모두 고려해 결정해왔다. 그 대학에 재정적인 도움을 주었고, 또 줄 수 있는 위치에 있는 사람들의 자녀들이 특별 관리의 대상이고, 그들이 쓴 추천서가 중요하게 받아들여진다는 사실은 아무도 부정하지 않는다. 그럼에도 일리노이 대학 사건을 마치 대학의 정신을 저버린 파렴치한 행위로 취급하게 된 이유는, 최근에 변화된 미국 대학과 사회와의 관계에서 찾을 수 있다. 중등 교육에 경쟁 구도가 정착하면서 대학 입학을 위한 경쟁이 심화되었고, 실력 이외의 방식으로 대학을 가는 부류들에 대해 곱지 않는 시선이 집중되기 시작했다. 그 시선은 역사적으로 소외되고 억눌린 계층에 대한 특례 입학 제도에도 집중되었지만, 더 큰 대상은 부와 권력을 이용해 대학을 가는 부류였다. 이런 분위기에서 일리노이 대학의 부정 입학 사건의 확실한 증거가 언론에 노출되었고 이에 대한 서민들의 분노가 이 사건을 스캔들로 만든 것이다.

한국 대학의 역사와 현실

한국 대학의 역사를 표면적으로 살펴보면 두 가지 판단을 쉽게 하게 된다. 그 역사가 짧다는 것과 외부에서 유입된 교육제도라는 것이다. 둘 다 맞는 지적이지만 실제로 그 실상은 훨씬 더 복잡하다. 한국 대학의 역사를 다룰 때 선교사들이 시작한 대학 교육과 일제 강점기에 유일하게 인가받은 대학이었던 경성제국대학만을 대상으로 할 수 없기 때문이다. 조선 시대 최고 학부였던 성균관을 대학으로 살리고자 하는 노력과 순수한 민족의 자본과 노력으로 대학을 세우고자 1920년대 벌였던 민립대학 설립운동도 한국 대학의 이념을 다루는 역사에 포함해야 한다. 결국 일제 강점기에 이미 네 가지 대학의 모델이 조선 땅에 중첩되어 퍼져 있었다. 유교 모델, 선교사들의 미국 칼리지 모델, 일본의 제국대학 모델, 그리고 민족

자본의 사립대학 모델이다. 거기에 해방 후 한국 대학의 주된 모델이 된 미국 주립대학의 모델까지 합치면 그 복잡함이 잘 드러난다.

한국 대학의 역사를 이런 다양한 모델이 전파된 역사를 중심으로 쓴 책이 우마코시 토오루(馬越徹)의 『한국 근대대학의 성립과 전개』라는 뛰어난 저서이다. 특히 성균관의 교육과 제도가 근대 대학으로 거듭나는 데는 실패했지만, 구한말 분명히 존재했던 대학의 한 모델이었다는 그의 지적은 많은 생각을 낳게 한다. 또 그 모델이 뿌리를 내리지 못한 이유에 대한 연구 없이, 한국 대학의 역사를 정리할 수 없다는 그의 분석도 매우 적절한 것으로 보인다. 최고 학부였던 성균관을 정점으로 하는 조선 시대의 교육제도는 내적인 합리성을 충분히 담고 있었다. 그 제도의 특성상 갑신개혁 때 과거제도가 폐지되면서 성균관은 큰 위기를 맞았다. 그 후 유교 고전 이외에 역사 지리 수학 교육을 도입하면서 개혁을 추구했지만, 이미 과거를 통해 관료의 길에 입문할 등용문이 사라진 시대의 관립학교는 변하는 세상에 순발력 있게 적응할 수 없었다. 더욱이 조선이 망한 후 일본에 의해 성균관은 교육은 포기하고, 유가의 성현들에게 제사 지내는 기능만 유지하게 된다. 강점기 말기에 명륜학원이란 이름으로 교육의 기능도 회복하지만 국가의 최고 학부라는 명예는 해방 후에도 회복하지 못한다.

성균관이 근대 대학의 교육제도로 거듭나지 못한 안팎의 이유가 있겠지만, 가장 큰 이유는 성균관이 근대 대학이 표면적으로 내세웠던 배움과 섬김의 구분, 혹은 교육과 종교의 구분을 태생적으로 받아들일 수 없었기 때문이다. 조선 시대에 유가의 성현들에 대한 제사와 경전을 공부하는 일은 향교에서 성균관까지 이르는 유교적 교육제도에서 분리시킬 수 없는 것이었다. 바로 이런 본질적인 한계가 과거제도의 폐지나 정치적 상황의 변화보다 성균관의 몰락에 더 큰 이유가 되었다고 볼 수 있다. 한국의 대학은 그 후 유교 모델을 비켜갔지만, 지금 현재까지도 세계 어느 나라의 대학보다 더 유교적이다. 우마코시도 지적하듯이 자유나 평등이나 연구와 같은 고상한 근대 대학의 이념에도 불구하고, 한국 대학은 교수와 학생 혹은 학생들 사이에서도 나이에 따른 수직 관계로 지적인 교류와 학문의 연구가 이루어지고 있다. 또 관학을 선호하는 경향도 유교적 특성이라 할 수 있다. 최근까지도 고시를 통해 관료가 되는 것을, 사회의 엘리트 계층으로 진출하고 출세하는 지름길로 생각하는 사람이 많았다. 이는 바로 유교 문화의 유산이다. 준비 없는 상태에서 500년 교육 전통이 해체되고 외래의 제도로 대체되었지만, 사람들의 의식은 쉽게 변하지 않는다는 것을 반증하는 예라 할 수 있다.

1920년대 당시 대학이라는 서구 고등교육의 제도가 근대화의 조건이라는 인식이 사회에 팽배해 있었다는 사실은, 민립대학을 설립하려고 벌였던 전국 단위의 운동에서 볼 수 있다. 민(民)이 주관하는 최고 학부인 대학을 세워 근대적 학문을 적극적으로 연구해 독립 이후의 나라를 준비하자는 뜻이었다. 월남 이상재와 남강 이승훈 같은 이들이 주도적인 역할을 했다. 당시 동아일보와 조선일보의 사설을 보면 민중의 힘으로 대학을 세우고자 했던 의지와 각오를 엿볼 수 있다. 우마코시가 인용한 것을 재인용해보자.

"(대학의 설립이) 어렵다고는 해도 시작하지 않으면, 언제까지라도 조선인의 대학을 만들 도리가 없기에, 이번에 조선 전체의 많은 유지들을 망라한 민중운동으로 가능한 (한) 많은 사람들의 힘을 결집하여, 민립대학을 한군데 설립하고자 한다"(동아일보 사설 1922년 11월 30일자. 우마코시 인용). "…한 사람이 1원 기부할 의협심이 없기 때문에 만일 앞으로 민립대학을 설립할 수 없다고 한다면, 우리는 인간으로서 가치를 어디에서 찾으면 좋을 것인가"(조선일보 사설, 1922년 12월 2일자). "이 민립대학은 첫째는 민중의 실력으로 만드는 최고 학부이며, 둘째는 민중의 이상으로 만들어지는 최고 결정이다… 민립대학의 기성은 단순히 우리에게 지식을 주는 것만이 아니라, 과학에 기본을 두고 발전하는 생명을 우리에게 제공하지 않으면 안 된다"(동아일보, 1922년 16일자). 〈조선민립대학 기성회 발기취지서〉(1923년 1월)에서는 대학 설립 목적을 이렇게 말한다. "교육에는 단계와 종류가 있기에, 민중의 보편적인 지식은 이를 보통교육에 의해 받을 수 있지만, 심원한 지식과 온오한 학리는 이를 고등교육에 기대하지 않을 수 없음은 설명할 필요도 없을 것이다. 사회 최고의 비판을 구해서 능력과 행동력을 갖춘 인물을 양성하고자 한다면, 무엇보다도 최고 학부를 둘 필요가 있게 된다. 그뿐만이 아니라 대학은 인류의 진화에 실로 막대한 관계가 있기에, 문화의 발달과 생활향상은 대학이 생겨나기를 기다리고서야 비로소 기획하고 또 얻을 수 있다. … 따라서 이제 우리 조선인도 세계의 한 부분을 차지하는 문화민족의 일원으로서, 다른 사람들과 어깨를 나란히 하며 우리의 생존을 유지하고 문화 창조와 향상을 꾀하고자 한다면 대학의 설립을 놓아두고 다른 길은 없다"(우마코시, pp. 106~7).

놀라울 정도의 명확한 이해와 의지를 담고 있는 위의 사설문과 취지문을 통해 당시 대학에 대해 어떤 인식과 기대가 있었는지 알 수 있다. 특히 '민중의 이상,' '인간으로서의 가치,' '과학에 기본을 두고… 생명을 우리에게 제공,' '사회 최고의 비판을 [통해] 능력과 행동력을 갖춘 인물을 양성' 과 같은 문구들이 대학의 역할과 사명으로 등장하는 것에 주목하게 된다. 또 대학이 인류의 진화와 밀접한 관계가 있다는 생각, 대학이 없이는 문화의 발달을 도모할 수 없다는 생각, 대학이 없으면 문화 민족으로 세계와 함께할 수 없다는 생각들은 서구 학문의 제도인 대학이 조선에 필요하고, 이 세상의 최고 학부로 깊이 인식하고 있었다는 사실을 말해준다. 당시 식민지 치하에서 대학은 이름만으로 존재했었던 현실을 감안한다면, 이런 통찰력은 더욱더 깊은 인상을 남긴다.

만주와 하와이까지 확산되었던 이 운동은 결국 실패하고 만다. 그 이유는 모금이 계획대로 되지 않았던 것도 있었지만, 총독부에서 의도적으로 허가를 내주지 않았던 탓이다. 이 운동에 경계심을 느낀 총독부는 관립 경성제국대학의 설립을 서두르게 되었다. 이 운동이 실패한 원인에 대해 국민의 기초 교육도 제대로 이루어지지 않는 상황에서, 서구식 최고 학부를 세운다는 발상은 현실성이 애초부터 없었다는 지적도 있다. 그러나 이 운동은 세계 대학의 역사에서 볼 수 없는 민중운동의 성격을 띠고 있었다. 또 현실을 넘어서 이상을 추구하는 대학 본연의 모습을 추구하는 운동이었다는 점에서 높이 평가할 수 있다.

민립대학 설립운동은 내용적으로도 특이한 점이 눈에 띈다. 설립 계획안은 세 단계로 나누어져 있다. 첫 단계는 법과, 문과, 경제과, 이과 그리고 대학 예과로 구성되어 있다. 그 다음 단계는 공과였고, 농과와 의과는 마지막 단계의 사업으로 구상되어 있다. 강점기의 실제적인 삶에 제일 큰 영향을 줄 학과인 농과를 제일 마지막 단계의 사업으로 생각했던 것에서, 당시의 지도자들이 전문학교가 아닌 대학을 최고 학부로서 미래와 이상과 학문성을 우선적으로 생각했다는 것을 알 수 있다. 이승훈은 바로 이런 식의 계획안이 총독부의 마음에 들지 않았으리라 생각한다. 그래서 아예 농대만을 따로 떼어 설립 허가를 요청하면 될 것이란 생각으로 농업학교에 대한 큰 관심을 보이게 된다.

한국의 대학은 식민주의 역사의 산물이었다. 이것은 아시아나 아프리카나 아랍권에도 보편적으로 적용되는 사실이다. 많은 문화권에서는 그 역사 속에서 발전한 고유의 고등교육 제도를 갖고 있었다. 그러나 이런 고유의 제도들은 19세기 이후 대학이라는 서구의 제도로 재편되는 과정을 거친다. 서구 대학으로의 재편은 외형적으로 중세 대학의 유산을 물려받았음을 고백하고, 국가를 넘어서 인정해주는 학위를 주고받는 것이었다. 내면적으로는 19세기 서구 대학 학문의 내용과 유형을 보편적인 고등교육으로 인정하고 수용하는 것이었다. 주로 식민 지배를 당하는 처지에서는 대학이라는 제도 자체가 근대화의 상징이 된 상태에서, 대학 교육을 통해 근대화를 추구하자는 것이었고, 대학을 세우고 이식하는 지배자의 목적은 식민지에서의 대학을 통해 지배와 통치를 도울 관료 지식인 계층을 양성하자는 의도였다. 후자의 경우 일제 강점기 당시 조선에 유일한 대학이었던 경성제국대학이 전형적인 예이다.

그러면 선교사들이 도입하려고 했던 대학은 어떻게 보아야 하는가? 그들의 교육 사업은 제국이 되고자 했던 미국의 의도와 어떤 연관이 있는가? 미국이 조선을 식민 지배하고 있지 않은 상황에서 선교사들의 교육 사업과 대학 건립 노력은 일제와의 지배 이데올로기 경쟁으로 볼 수 있는 면이 있다. 물론 당시 선교사들이 의식했던 것은 거대한 역사의 흐름이 아니라 세계 선교의 사명이었음이 분명한다. 그럼에도 최소한 초기 선교사들이 세운 사립학교들이 조선의 언어와 역사, 사상을 연구하고 민족정신을 고취시키는 역할을 했다는 것도 부인할 수 없다. 물론 그런 역할을 하게 된 동기는 기독교 복음과 서구 문명의 우수성에 대한 자신감이었다. 서구식 교육을 통해 계몽을 이루면 기독교의 선진성을 자연스럽게 깨달을 수 있다는 식민주의적 계몽사상이 선교사들의 교육관 속에 잠재해 있었던 것이다.

해방 이전까지 조선에서 가장 활발하게 응용되었던 대학의 모델은 바로 선교사들이 생각했던 기독교 이념으로 세워진 자유교양교육을 실천하는 대학이었다. 선교사들이 세운 학교 중 숭실이나 배재학당과 같은 데는 이미 경술국치 이전에 대학부를 설치해 운영했다. 그 후에 세워진 연희전문학교는 비록 허가를 받지는 못했지만, 학문의 내용만을 놓고 보면 대학의 면모를 갖추고 있었다. 선교사들은 선교를 목적으로 교육에 투자한 것이 분명하지만, 실제로 선교 초기에는 교육 사업을 통하지 않고도 많은 사람들이 기독교를 믿고자 했기 때문에, 학교 설립이 선교에 큰 도움을 주지는 못했다.

선교사들은 세상을 빠른 시일 내에 복음화시켜야 한다는 열정을 지녔던 사람들이었고 교육을 그 수단으로 생각했다. 교육과 복음 전파의 인과 관계는 어떻게 설명할 수 있을까? 첫째, 기본적으로 하나님과의 직접적인 관계를 중요시했고, 그를 위해 성경을 읽을 수 있도록 만드는 교육을 중요시했던 개신교의 전통을 언급할 수 있다. 둘째, 교육과 계몽과 문명이 기독교 복음과 함께한다는 서구 기독교 문명에 대한 자신감도 중요했다. 이것은 기독교의 합리성에 대한 자신감이기도 했지만, 서구 문명이 기독교를 통해 이루어졌다는 하나님의 은혜에 대한 자신감이기도 했다. 실제로 서구 문명과 기독교가 동전의 양면과도 같다는 인식은 19세기 말 선교사들에게서 보편적으로 볼 수 있는 것이었다. 즉 복음을 받아들이는 것은 문명을 받는 것과 동일하고, 앞선 서구의 문명은 복음의 은혜를 통해 이루어졌다는 시각이다. 이런 생각은 선교사들의 우월의식으로만 작용한 것이 아니라, 선교의 대상이었던 조선 사람들도 체득하게 되는 세계관이었다. 그 예를 일본에서 성경을 한글로 번역한 이수정에게서 찾을 수 있다.

이수정은 개신교 선교사들이 조선 땅에 첫발을 디디기도 전, 일본에서 기독교 서적을 찾아 읽고 개종을 한다. 이수정이 읽었던 책 중에 중국에서 선교사로 또 교육가로 오랜 활동을 한 마틴(W. A. P. Martin)이 중국어로 쓴 『기독교의 증거』라는 책도 있었다. 마틴은 외국에서 유입된 불교가 중국의 종교가 되었던 것같이, 기독교도 중국에 뿌리를 내릴 수 있다고 주장했다. 특히 기독교가 당시 유교사상을 보완할 수 있다는 보유론을 펼쳤다. 그 책은 일본어로도 번역되어 일본 지식인들의 많은 관심을 불러일으켰고, 일부의 개종을 이끌어내기도 했다. 이수정은 기독교와 유교가 양립할 수 있다는 차원을 넘어서 조선의 자강정책에도 도움이 된다고 믿었다. 그러나 유교의 기본 질서와 정신세계를 부인하지 않고도 기독교인이 될 수 있다고 믿는 것만으로도 큰 사건이라 할 수 있다. 그는 이렇게 말했다. "나는 기독교 성경이 과학, 무역 또는 철도보다 조국에 더 도움이 된다는 것을 알게 되었다"(김기석, p. 67). 이 말의 의미를 구체적으로 파악할 수는 없지만, 기독교로의 개종이 조선의 근대적 발전을 위해 필요하다는 생각이었다면, 그것은 선교사들의 논리를 완벽하게 이해하고 받아들인 것으로 볼 수 있다(그는 1884년 조선에 선교사를 파송해줄 것을 요청하는 편지를 여러 차례 미국에 보냈다). 이수정은 왜 그런 생각을 했을까? 서양의 기독교가 조선에 들어오고, 교인들이 많아지면 미국과 같은 나라와의 관계가 좋아질 것이고, 또 그런 돈독한 관계로 일본과 청나라의 침략적인 진출을 막아낼 수 있다고 생각했을지도 모른다. 혹은 서구의 사상이 들어오면, 그 사상의 산물인 물질적인 것들은 자연히 따라올 것이라 여겼을 수도 있다. 그러나 그가 거의 독학으로 기독교의 진리를 깨닫게 되었고, 그 진리가 실질적으로 조선의 변화를 가져올 것으로 믿었던 것은 분명해보인다. 여기서 한국 기독교의 독특한 면을 엿볼 수 있다. 천주교가 처음 들어온 18세기 당시에도 조선 유학자들의 자발적인 독서와 연구를 통해 천주교의 진리가 수용되었던 것처럼, 비슷한 독자적인 배움과 새로운 진리에 대한 욕구가 개신교의 성장에도 크게 작용했다. 한국 기독교 발전에 원동력이 된 사경회 즉 성경 연구 모임이 그런 새로운 진리를 배우는 공간이었다.

조선 땅에서 대학의 비전을 처음 세웠던 사람은 아펜젤러 선교사였다. 그의 비전은 조선을 기독교 국가로 성장시키기 위해 서구식 교양교육을 받은 지도자들을 키우는 것이었다. 영어 위탁교육 기관으로 시작한 배재학당을 기독교 대학으로 발전시킬 계획은 학당의 설립 당시부터 세우고 있었다. 그는 대단한 열정으로 그 계획을 실천해나갔다. 배재학당의 목적을 "서구의 과학과 문학 교육과정에 대한 철저한 훈련"이라고 했다(이만열, p. 331). 아펜젤러는 미국의 프랭클린 앤 마샬(Franklin and Marshall) 대학에서 자유교양교육을 받고, 드류 대학에서 신학을 공부한 경험을 바탕으로, 배재학당을 교양학부로 보았고, 1891년부터는 배재학당을 배재대학이라 불렀다. 그는 교양교육이 직업교육과 다르다는 것을 1892년 연회보고서에서 이렇게 표현했다. "우리 학교는 '통역관'이나 '교환수'를 양성하는 것이 아니라 교양인을 양성하는 것에 목적이 있다"(김기석, p. 98).

아펜젤러는 자신이 직접 고대사, 물리, 정치경제학 등을 가르쳤고, 서재필과 윤치호 같은 이들을 교사로 임명해 인문 자연과학의 다양한 분야를 가르치게 했다. 1898년에는 "서울대학교"라는 4년제 대학과 신학교를 설립할 계획을 구체적으로 세웠다. 설립 기금을 마련하려고 미국을 방문했으나, 그가 출국한 사이 조선의 감리교 선교사들은 교육보다는 당면한 선교에 더 치중하자는 뜻으로 대학 설립 계획을 보류시켰다. 교육 사업과 복음 전도 사이에 무엇이 우선인가를 두고 갈등이 있었을 것이다. 교육을 위해선 학교를 지켜야 했고, 선교를 위해선 감리교회의 전통대로 끊임없이 선교지를 개척해야 했다. 초등교육과 중등교육까지도 대부분 조선인들에게 맡긴 상황에서, 대학을 설립한다는 게 부담이 컸을 것이다. 그렇다고 다른 선교사들이 조선의 고등교육을 위한 아펜젤러의 의지를 무시했던 것은 아니다(Griffis, p. 163).

미국의 교양교육 전통을 조선에 심으려 했던 아펜젤러의 노력은 유교의 경서를 배재학당에서 가르친 것에서도 드러난다. 선교의 전략으로만 보자면 매우 고차원적인 것임에 분명하다. 유교문화가 지배하는 사회를 기독교 국가로 만들 꿈이 있다면 당연히 양쪽을 모두 이해하고 설득할 능력을 지닌 인재를 배출해야 할 필요가 있었다고 볼 수 있다. 그러나 네비우스 정책을 받아들인 장로교 선교사들이 1893년 확정한 '10대 선교 방침'은 이와는 반대되는 방향으로 정책을 설정해놓았다. 상류층 즉 지식인들보다는 하류계층에 선교의 초점을 맞추고, 한자보다는 한글을 사용하고, 조선인 교회 지도자들의 이상적인 교육 수준을 낮게 잡는 것 등이다. 따라서 영어 교육도 등한시하게 되었고, 유학의 경서 교육도 포기하게 되었다. 일례로 1893년 혜빈원을 책임 맡고 있던 마펫 선교사는 교과 과정에서 유학의 경서 학습을 중단한다. '이교도' 학문을 더 이상 가르치지 않고, 성경과 기독교 서적만을 가르치겠다는 결정이었다. 반면 아펜젤러는 그 다음 해인 1894년에 유학의 경서를 배재학당의 주요 교과목으로 채택한다. 장로교 선교사들이 포기한 유학 교육에 대해 새로운 중요성을 부여하면서 채택한 이유는 여러 설명이 가능하다. 즉 선교사들 사이의 알력, 정치적 판단력, 선교지 문화를 수용하는 선교 정책 등의 이유를 들어 설득력 있는 분석도 할 수 있을 것이다. 그러나 직업교육이 아닌 교양교육 중심의 대학을 꿈꾸었던 아펜젤러의 교육관도 중요한 이유 중에 하나로 포함해야 한다.

아펜젤러는 종말론적 천년주의 신학과 해외 선교 운동이 대세였던 19세기 말 미국에서 신학 공부를 했다. 그 분위기 속에서 중생의 체험도 했고, 감리교로 교단까지 바꾸면서 선교사의 꿈을 키웠다. 그러나 그가 종말론적 복음주의에 빠졌다고, 모든 교육의 가치를 일시적 수단으로만 본 것은 아니었다. 조선을 복음화하려면 대학 교육까지도 실행해야 한다고 믿었고, 그 교육은 자신이 프랭클린 앤 마샬 대학에서 받았던 교양교육을 모델로 하고 있었다. 조선에서의 교양교육은 유교의 경서까지도 포함해야 한다고 믿었다는 것에서, 그가 고전교육을 통한 깊이 있는 학문을 지도자가 될 사람의 지적인 조건으로 이해했음을 유추해서 읽을 수 있다. 탁사 최병헌은 이런 배경에서 배재학당의 경서 강학을 맡게 되었다. 그러나 인격 함양이란 교양교육의 목표를 추구할 대학을 설립하려는 아펜젤러의 계획은 1902년 그의 갑작스런 사망으로 열매를 맺지 못했다.

아펜젤러와 같은 선교사들이 미국의 개신교 교단들이 세운 자유교양대학(Liberal Arts College)을 조선의 대학 모델로 생각했다면, 일제 강점기 당시 공인된 유일한 대학이었던 경성제국대학은 베를린 대학 같은 연구 중심의 대학을 궁극적인 모델로 삼았다. 경성제대는 일본의 최고 학부인 제국대학 시스템의 일원이었고, 조선 땅에 설립되었지만, 조선의 대학이었다고 말하긴 쉽지 않다. 조선 내부의 대학을 세우려는 운동과 조선인 학생들이 서구의 대학으로 유학 가는 현상에 대한 경각심이 제국대학을 조선에 설립하게 된 동기가 되었지만, 결국 조선 통치를 위한 수단이었다. 제국대학이 식민지 조선에 세워졌다는 상징적인 의미에 더 가치를 둔 것이라 할 수 있다. 그뿐 아니라 모든 교수들이 일본인이었고, 학생들도 다수가 일본인이었다.

경성제대는 학부 즉 단과대학을 중심으로 구성되었다. 말기에 이공학부가 생기긴 했어도 법문학부와 의학부가 중심이었다. 인문학부는 따로 존재하지 않았다. 인문학의 과목들은 법문학부 내에 학과목만 개설된 상태에서, 학문보다는 관료 체제 양성에 더 관심이 있었음을 알 수 있다. 농대를 설립할 계획까지는 세우고 있었지만, 해방 전까지 실행하지는 못했다. 또 상과대학도 경성제대 내에 없었다. 당시 경성제대가 일본 열도 밖에 있는 제국대학이라는 열등의식을 갖고 있었다는 사실을 역으로나마 확인해주는 문구가 있다. 열심히 연구하자는 뜻으로 "우리의 경쟁 상대는 동경제대가 아니라 베를린 대학이다"라는 말을 썼다고 한다.

한국 대학의 역사에 가장 큰 영향을 끼친 대학 모델은 해방 후 미군정 체제하에서 도입된 미국의 주립대학 모델이다. 해방 직후 일제강점기에 대학으로 인가를 받지 못했던 학교들이 군정 기에 정식 대학으로 인정을 받았다. 대학이란 고등교육에 대한 한국인들의 열망을 해결해주는 차원도 있었고, 미국식 고등교육의 보편화를 제도화하는 것이기도 했다. 미국식 대학을 본격적으로 이식하게 되는 과정은 국립서울대학안이란 경성대학과 관립전문학교들을 합병해 종합대학을 만들려는 계획을 통해 드러났다. 국립대학안은 모든 학생과 교수들의 반대에 부딪쳤고, 학생들의 동맹휴학까지 유발하였다. 기득권과 자존심 때문에 반대하게 된 이유도 있었지만, 표면으로 드러난 이유는 대학의 자율과 자치가 훼손된다는 것이었다. 대학의 자율과 자치를 두고 벌어진 비판은 한국 대학의 이상과 미래에 대한 치열한 논의로 전개되지는 못했다. 일본의 통치 방식을 탈피하는 개혁적 행위라면 무조건으로 그 당위성을 인정받는 분위기에서, 국립대학안은 결국 언론의 지지를 받았고, 약간의 절충 과정을 거친 후 통과되었다.

미국의 주립대학 모델이 이식되는 과정은 한국의 대학이 학문의 백화점으로 변한 것에서 알 수 있다. 지식의 학문화, 학문의 분업화가 대학을 단과대학 위주로 편제한 것에서 이 점은 드러난다. 주 예산에 크게 의존하는 주립대학은 처음부터 사회와 산업적 기능에 지향점을 두고 있었다. 따라서 실용적인 지식이 대학의 교육 과정으로 등장하기까지의 시간은 일반 사립대학보다 훨씬 짧았다. 교양교육을 하는 소규모 사립대학이나 역사가 오래된 사립대학은 '대학이 무엇인가?' 하는 질문을 무의식적으로나마 간직하고 있었기 때문에 그 기간이 길 수밖에 없었다. 최근 미국 대학에서도 지식의 자본화가 급속히 이루어지고 있기는 하지만, 주립대학과 사립대학 사이의 이념적 차이는 현재까지도 분명히 존재한다. 한국의 대학이 미국 주립대학의 모델을 답습해왔다는 말은 본질적인 고민 없이 발전해왔다는 말로도 이해할 수 있다.

6·25 전쟁 이후 미국은 한국 대학의 재건을 위해 다양한 인적, 물질적 교육 원조를 제공했다. 교원 양성을 위한 지원과 의학, 농학, 공학 등 실용 학문이 대상이었다. 지원은 물질적 차원은 물론이고 커리큘럼이나 교수법에서 학문하는 방법론까지 이식을 받는 것이었다. 미국의 교육 원조는 한국 대학의 외형적 발전에 큰 공헌을 했지만, 미국의 식민지적인 영향력하의 원조는 이데올로기적인 차원을 배제할 수 없었다. 미국의 영향력을 확대하려는 하나의 수단이었다는 것이다. 한국의 지식인 사회의 미국화 경향은 미국의 원조로 유학을 다녀왔던 초기 유학의 역사에서부터 현재까지 진행 중이다. '유학'이라는 용어가 학문의 단계를 지칭하는 보편적인 개념으로 쓰이게 된 사실은 한국 고등교육 역사의 단면을 보여준다.

미국의 교육 원조는 몇 개의 대학만을 대상으로 했기 때문에 대학 간의 심한 외형상의 격차를 낳았다. 한국 고등교육의 균등한 발전은 현재까지도 심각한 문제로 남아 있다. 해방 후 한국 대학의 역사가 순탄치 못하리라는 사실은 아무런 준비도 없이 미국의 군인들이 한국의 교육을 책임 맡게 됐다는 데서 이미 예고된 일이었다. 현대 한국 대학의 문제는 이 시대 자본주의의 팽창 과정에서 파생된 문제로 이해할 수도 있지만, 그 제도와 연관된 학문의 문제는 해방 직후에 도입된 대학의 모델에 대한 역사적 인식에서 그 고찰을 시작해야 한다. 그러나 그 역사적 인식의 한계는 한국의 대학이 자유 시민 교육을 앞세운 고등교육을 이식하려는 미국의 노력에도 불구하고, 탈식민과 전쟁 그리고 독재라는 역사의 공간 속에서 감당해야 했던 역할이 달랐다는 것이다. 그렇다고 해도 한국에서 대학이 무엇이고, 어떤 역할을 감당해야 할지에 대한 사회적 논의가 없이 일방적으로 미국의 대학론을 수용해야 했다는 점에서 아쉬움이 든다.

앞서 말한 바와 같은 타율적인 역사는 현재까지 진행되고 있다. 교육부는 최근까지 한국 대학의 행정과 제도를 통제해왔다. 1990년대 이후 민주적인 제도의 정착과 대학을 자율적으로 운영하고자 하는 대학 자체의 노력으로 그 통제는 많이 사라졌다. 그렇다고 주요 대학들이 진정한 자율의 길을 걷고 있다고는 할 수 없다. 최근 자율을 내세우면서 주장하는 내용들을 보면 기업형 모델을 한국의 대학에 정착시키고자 하는 의지를 볼 수 있다. 대학들이 자산 금액을 두고 벌이는 경쟁, 학과와 학교의 랭킹 경쟁, 글로벌 경쟁력의 담론, 기업 친화를 강조하는 것 등을 보면 자율이 아니라 미국 대학이 앞서 걸었던 자본주의화를 무의식중에 좇아가는 것으로 여겨진다. 이것은 진정한 의미에서 대학과 학문의 미래를 논하는 자율과는 거리가 멀다. 물론 그런 자율의 발자취를 한국의 대학에서 찾을 수 있다. 학문의 조건과 인간의 존엄성의 가치를 앞세워, 70, 80년대 군사 독재라는 암울한 현실 앞에서 저항의 깃발을 내세우며 투쟁했던 한국의 대학인들이 그 증인이다. 그러나 독재에는 이길 수 있어도, 자본주의에는 패배했던 경험은 대학의 역사에서뿐만 아니라, 제3세계와 구소련 권의 정치 역사에서 너무도 흔하게 볼 수 있다.

최근 대학 교육은 품질 보증 차원에서 관리 체제에 의해 운영되고 있고, 대학은 서비스 산업이 되어가고 있다. 실제로 대학 교육의 질을 어떻게 보증할 것인가를 연구하는 교육산업이 성행하고 있다. 양질의 서비스를 소비자인 학생과 그들의 가족과 사회에 제공하고 있는지에 대한 평가가 주된 관심사이다. 평가란 용어는 현대 교육산업의 핵심적인 개념으로 등장했다. 일례로 미국에서는 대학협의회와 같은 기관이 각 대학이 그 대학 내부의 교육과 행정을 비롯한 모든 분야를 어떻게 자체적으로 평가하는지를 정기적으로 분석하고 또 평가한다. 재인가는 그 후에 받게 된다. 대학은 평가위원회까지 만들어 내부적인 평가가 제대로 이루어지고 있는지를 감찰하게 된다. 평가를 위한 평가가 되지 않을 수 없다. 자체적

평가란 거울을 들여다보는 것 혹은 심리 치료를 받는 것과 비슷한 역할을 한다. 내면의 문제에만 신경을 쓰게 되며, 외면 또는 대학 밖의 문제에는 상대적으로 덜 관심을 갖게 된다. 여기에서 대학 교육 평가산업의 이데올로기적인 기능을 엿볼 수 있다. 실제로 미국의 대학협의회에서 일률적으로 적용하게 된 이 프로그램은 레이건-부시의 보수주의 정권 산하 교육부에서 개발하고 법제화한 것이다. 실제로 대학생들에게까지 일제고사를 치르게 하자는 제안도 있다. 이런 움직임을 앞서 언급한 바 있는 보수주의의 대학 길들이기 작전의 일례라 하겠다. 따라서 이런 변화를 세계 고등교육의 자연스러운 발전 과정으로 볼 수 없다. 끝없는 정치의 풍파 속에 전개되어온 대학 역사의 한 페이지로 보기에는 그 파장이 너무나 크기 때문이다.

현재 한국에서는 한국의 대학이 지향해야 할 방향에 대해 본질적인 고민보다 현대 서구 자본주의의 대학론을 시대의 개혁적인 흐름으로 수용하는 타율의 역사가 계속되고 있다. 따라서 대학에 대한 철학적 성찰보다 공리적이고 기술적인 담론만 성행한다. 그 관점에서 볼 때 대학은 문제일 수밖에 없고, 그 존재 이유까지도 의심받게 된다. 대학의 개혁은 필요하지만, 신자유주의 체제를 신봉하는 OECD 산하의 단체들이 주도하는 프로그램을 개혁의 내용으로 삼는 것은 시대와 상황에 대한 진지한 인식이 부족한 것이라 할 수 있다.

제3장

대학과 철학

'대학과 철학'이라는 주제를 따로 다루는 이유는 대학의 역사에서 대학의 본질과 사명을 다루는 대학론이 철학의 관점에서 가장 많이 다루어졌기 때문이다. 신학과 더불어 서구 인문학의 기본적인 학문으로서, 철학을 그 학문의 완성이나 실현의 장소로 이해하는 경향이 있었다. 이것은 철학이 삶의 양식을 실천하는 구도의 학문으로서의 정체성을 저버리고, 담론과 글의 학문으로 전락한 이후의 경향이라고도 할 수 있겠으나, 수많은 서구의 철학자들이 대학을 넓은 의미에서 철학의 공간으로 생각했던 사실은 부인할 수 없다. 칸트에서 데리다까지 이어지는 철학사에서 대학에 대한 신랄한 비판은 물론 대학을 통해 사회를 개혁하고자 하는 노력을 기울이는 등 매우 다양한 대학론을 목격할 수 있다. 학문을 하는 사람이 대학에 대해 고심했어야 하는 이유는 대학이라는 공간이 배움과 현실, 학문과 사회, 사상과 권력이라는 대립적인 가치 속에서 끊임없이 그 가치를 위협받는 위기의 역사를 걸어왔기 때문이다. 대학은 배움의 공동체였고, 그 공동체의 이상을 지키려는 노력이 철학자들이 가졌던 관심의 동기였을 수도 있다. 많은 경우 철학자들의 대학론을 통해 그들이 펼쳤던 철학의 실천적인 면을 재구성할 수도 있다고 본다. 그러나 진리를 추구하는 학문, 사상의 자유, 대학의 자율과 같은 대학의 가치를 다루었다고 그들의 대학론이 모두 옳았다는 것은 아니다. 하지만 대학의 역사가 바로 그런 가치를 두고 벌인 논쟁의 역사였고, 대학은 그런 논쟁을 필요로 한다는 사실 또한 부정할 수 없다. 이 장에서는 독일, 프랑스 그리고 미국의 철학계에서 나온 대학론을 다루고자 한다. 여기서 다룬 철학자들이 각 나라를 대표한다는 의미보다는, 필자의 견해에서 중요하다고 생각하는 사람들을 선별한 것이다.

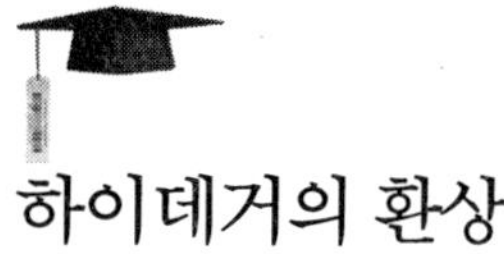

하이데거의 환상

20세기, 대학에 대한 논쟁의 역사에서 자신의 주장을 가장 화려하게 펼친 사람은 마틴 하이데거(1889~1976)였다. 그러나 그 화려함은 하이데거 자신이 원하던 것이 아니라, 자신의 그릇된 철학적 판단이 가져다준 비극적인 화려함이었다. 그 판단은 철학과 대학 그리고 독일의 민족적 정신을 치열하게 고민하던 한 철학자가 나치 정권을 통해 문제를 해결할 수 있다고 본 것이다. 자신의 판단을 실천에 옮기려고 하이데거는 나치당의 당원이 되었고, 1933년 자신이 교수로 있던 프라이부르크(Freiburg) 대학의 총장이 되었다. 그러나 채 일 년도 임기를 채우지 못하고 1934년 그는 총장직을 사임했다. 재임 기간 동안의 정치적인 행적과 1945년 전쟁이 끝날 때까지 자신이 품고 있었던 생각에 대해 하이데거는 1976년 사망할 때까지 침묵과 변명으로 일관했다.

하이데거 자신이나 그를 옹호했던 이들의 입장은 이런 것이었다. 1930년대 독일 사회는 경제적 위기에 처해 있었고, 공산주의의 세력은 확산되고 있었으나, 자유민주주의를 표방하는 독일 정부가 이런 상황을 타개할 힘이 없던 상태에서 하이데거는 나치주의를 새로운 돌파구로 보았다. 또 독일의 대학이 혁명적인 개혁을 거쳐야만 사회와 문화의 정신적 변화를 주도할 수 있다고 믿었다. 프라이부르크 대학의 총장이 된 것은 교수들의 전적인 지지가 있었고, 또 나치의 개입으로부터 대학을 보호해야만 했다. 그는 총장 취임 연설의 내용 때문에 나치 정권의 비판을 받기 시작했고, 줄곧 견제와 감시의 대상이 되었다. 10개월 동안 총장직을 수행하면서 유대인 교수들과 나치 정권에 반대하던 교수들을 보호하려고 노력했다. 학장 두 명을 해고하라는 정권의 압력을 거부했던 하이데거는 결국 총장직을 사임해야만 했다. 이후 그는 나치 정권과의 관계를 끊었고 비판자가 되었다. 그때부터 그의 강의를 정보원들이 감시하기 시작했고, 외국 여행도 금지된 상태에서 살았다. 바로 이런 내용이 공식적인 입장이었다.

그러나 1980년대 이후 이런 하이데거에 대한 평가를 뒤집는 사실들이 폭로되면서, 그의 정치적 판단뿐만 아니라 그의 철학까지도 심한 비판을 받기 시작했다. 하이데거가 20세기 서양 철학사에서 제일 중요한 인물이었고, 그에 걸맞게 큰 영향을 미쳤기 때문에 하이데거의 나치 행적은 한동안 서구 철학의 큰 논란거리가 되었다. 새롭게 알려지게 된 내용은 이런 것이다. 하이데거는 자신의 철학과 나치운동의 역사의식이 비슷하다고 보았고, 총장직을 그만두고 전쟁이 끝날 때까지도 나치주의 성향을 버리거나 탈당을 하지 않았다. 총장이 될 때도 그가 스스로 로비 작업을 했다. 유대인 교수들을 보호한 게 아니라, 오히려 그들의 투표권까지 박탈하는 데 앞장섰다. 총장직을 그만둔 이유도 히틀러 정권의 실체를 깨달아서가 아니라, 내부 권력 다툼에서 밀려나, 독일 전체의 고등교육과 정신문화를 책임지는 장관급 자리를 맡을 수 없게 되었기 때문이었다. 정보원들의 감시나 여행 금지 조치 등은 객관적으로 증명할 자료가 없다. 또 죽을 때까지 자신의 오류에 대한 참회나 반성이 없었다.

하이데거를 바라보는 태도는 현재 크게 두 가지로 갈린다. 정치적 행적 때문에 그의 철학 전체를 정치적 입장에서 읽어야 한다는 주장도 있고, 그의 철학은 정치와 분리해서 읽을 수 있어야 한다는 견해도 있다. 그러나 분명한 것은 하이데거가 오랜 기간 나치 당원으로 있었다는 사실과, 대학이 변해야 독일 민족과 서구 사회의 정신적 개혁을 이룰 수 있다고 믿었다는 사실이다. 그가 정치 참여를 통해 이루고자 했던 대학의 개혁은 무엇이었고, 그의 대학론은 어떤 것이었는가? 그의 유명한 총장연설문과, '형이상학이란 무엇인가?' '플라톤의 진리론' 등의 글을 통해 살펴보자.

하이데거는 대학의 본질이란 것이 있으며, 그것은 독일 국민의 미래와 숙명적인 연관이 있다고 여겼다. 그 본질은 학문을 추구한다는 것이고, 그것의 실현은 고대 희랍 철학이 생각했던 학문의 원형적인 본질 즉 이론과 실천이 분리되지 않은 상태의 학문을 이 시대를 위해 되찾는 것이다. 이런 노력이 그 시대에 갖는 의미는 근대의 삶을 대변하는 전문화와 지적인 노동과 육체적 노동의 분리를 극복한다는 데에도 있었다. 그가 극복하고자 했던 현실은 과학이 대학을 움직이는 원리가 되었을 때 나타나는 결과로 즉 학문의 분열이었다. 하이데거는 각 학문이 연구의 대상을 나름대로의 원칙과 방법으로 다루었기 때문에, 통합적인 목표는 사라지고 실천적이고 기술적이고 기능적인 목표만 세우게 되어 세분화와 더불어 분열을 일으킨다고 생각했다. 학문의 내적인 통합성이나 일관성이 없는 상태에서 학문의 존재 이유는 실용성과 응용성에서밖에 찾을 수 없기 때문이다. 이것을 현대 대학에 비추어 생각하자면, 외부에서 지원금을 받고 지원을 하는 집단을 만족시키는 게 대학의 존재 의미를 확인시켜주는 방식이 되었다는 말과 비슷하다. 최근에는 인문의 학문들도 외부 지원에 의존하는 경우가 많이 생겼으니, 용병의식이라는 표현도 쓸 수 있다.

칸트는 철학을 이성의 자율성과 이성의 내적인 요구를 법으로 여기는 학문으로, 대학의 핵심이라고 이해했다. 바로 이것을 대학의 정신적인 사명과 과제라 본 것이다. 하이데거는 그의 총장 연설에서 이런 칸트의 이성론을 부인한다. 칸트와는 달리 하이데거는 대학의 본질을 이성의 법칙만을 따르는 자유가 아니라, 민족의 운명에 참여하려는 의지에 있다고 주장한다. 여기서 민족의 운명이란 바로 히틀러 정권이 내세운 독일 민족의 본질적이고 역사적인 사명을 말하며, 실제적으로는 권력자 한 사람의 의지로 대학이 움직이는 것을 말한다. 하이데거의 대학론이 칸트와는 달라도, 그 뿌리가 칸트의 대학론에 있음을 부인할 수는 없다. 하이데거가 칸트에게서 물려받은 유산은 대학과 철학의 관계였다. 하이데거의 당시 대학에 대한 비판과, 철학이 대학에 뿌리를 내려야만 대학과 민족문화가 살 수 있다는 신념은 대학에서 철학이 배제된다면 더 이상 대학이 아니라는 칸트의 믿음에 근거했다. 칸트에게 대학을 대표하는 학문은 이성에 바탕을 둔 자유로운 철학이었다. 배움의 첫 번째 조건은 자유이기 때문에, 자유를 기초로 하는 철학은 법학, 의학, 신학과 같은 상위 학부의 학문을 통제하는 역할을 한다. 상위 학부는 자유가 아닌 국가 권력을 위한 실용성이 제일 큰 조건이기 때문이다.

물론 칸트와 하이데거 사이에는 셸링과 쇼펜하우어 또 니체 같은 이들의 대학론이 있다. 앞서 지적한 대로 셸링은 지식의 세분화와 전문화가 학문에 미치는 부정적인 영향에 관심이 많았다. 그는 대학이 산업기술학교로 전락하는 것을 우려했다. 그럼에도 칸트와 마찬가지로 철학이 대학 학문의 통합성을 담보해주는 역할을 할 수 있다고 믿었다. 쇼펜하우어도 역시 대학이 철학적 학문의 전당이 아닌 직업인 양성소가 되어가고 있다고 비판했다. 대학에 대해 셸링보다 더 회의적이었다. 대학에서 더 이상 자유로운 진리를 추구하는 것은 불가능하다고 판단하기도 했다. "대학은 진실 되고 진지한 철학을 할 수 있는 곳이 아니다. 철학을 하는 사람의 옷을 입은 꼭두각시가 손발 짓으로 쇼를 하는 격이다. 현대 대학의 철학은 석좌에 앉아 난해하고, 심오한 척하는 터무니없는 개념을 갖고 초월적이고 추상적인 이론인 척하는 진실된 철학의 모방에 불과하다. 이런 대학의 철학은 결국 철학을 욕되게 만든다"(쇼펜하우어, pp. 194-195). 니체는 대학을 철학이 뿌리 내릴 수 없는 메마른 땅이라 하며 그의 스승 쇼펜하우어의 대학론을 수용했다.

하이데거는 대학이 학문과 철학이 꽃필 수 있는 장소가 될 수 있다는 칸트와 셸링의 생각에 동의했으며, 당시의 대학에서 진정한 철학을 찾을 수 없다는 쇼펜하우어와 니체의 생각에도 공감했다. 그는 만약 철학이 대학에서 다시 자리 잡고, '철학이 살아 있는 실천의 행위'가 되려면, 대학은 철저하게 개혁되어야 한다고 믿었다. 하이데거가 추구했던 대학의 혁명적인 개혁은 민주주의나 통속적인 학문의 자유와 같은 개념과는 거리가 있는 것이었다. 그의 대학론은 이렇게 정리할 수 있다. 대학은 민족과 운명을 같이 해야 하고, 독일 민족의 정신적 사명을 완성시키는 과제를 안고 있다. 대학생들은 학문만이 아니라, 육체적 노동과 봉사로 그 사명에 참여한다. 학문적 과제와 독일의 숙명적 미래는 다른 것이 아니기 때문에, 대학의 자유는 이런 민족의 사명과 과제 속에서 이루어질 수 있다는 것이다. 대학의 본질은 물론 진리를 추구하려는 의지에 있다. 그러나 그 의지는 민족의 정신이 담긴 국가라는 틀 속에서만 존재할 수 있고, 또 그 의지는 피와 흙의 정신이 담긴 노동에서 찾을 수 있다.

하이데거의 대학론은 나치 정권의 교육론과 자신의 철학이 만나는 부분이기도 하다. 나치 정권이 등장하기 훨씬 이전부터 강연과 강의를 통해 대학의 무기력함을 비판해왔던 하이데거는 나치 세력이 정신적 삶의 개혁을 선전하고 나설 때, 거기서 새로운 역사의 가능성을 엿보게 된다. 다시 말해 진리를 향한 끊임없는 질문만이 기존의 사고와 현실에 안주하려는 인간을 정신적 나태함에서 일깨울 수 있다고 생각했던 하이데거는, 정신적 무장으로 새로운 질서를 준비해야 한다고 외치고, 독일 민족의 역사적·숙명적 사명을 주장하는 히틀러에게서 정신적 개혁의 가능성을 발견하게 되었다. 그 정신적 개혁의 이론과 실천이 만나는 곳이 바로 대학이었고, 대학의 개혁은 새로운 질서를 맞이하는 첫 관문인 셈이었다. 그는 대학이 개혁되어 형이상학적인 사색이 아니라, 삶의 사실적 근거를 연구하는 철학으로 가득 차 있을 때 비로소 대학이라 불릴 수 있다고 보았다. 대학의 학문이 분업화되고 분열되어 있는 상태에서는 '물음'을 생명으로 삼는 철학이 설 자리는 없다는 것이다.

하이데거는 1차 세계 대전 이후 유럽 사회의 위기의식과 독일 내부의 사회적 문제를 학문의 문제와 연결시켜 생각했고, 학문의 문제는 대학의 문제로 연결시켜 이해했다. 학문의 문제가 대학의 문제라는 인식은 하이데거에게만 국한된 것은 아니었다. 칸트 이후 독일 철학의 중요한 요소라고까지 할 수 있다. 하지만 하이데거의 대학론에서 독특한 점은 대학을 인간의 존재까지 변화시킬 공간으로 보았다는 것이다. 그러나 대학이 그런 공간이 되기에는 학문이 처해 있는 상황이 너무 절박했다. 대학의 학문은 서로 연결되지 않는 분과 학문들로 나뉘고 분열되어 있었고, 인간 삶의 총체적인 모습에 대한 근원적인 관찰과 질문을 할 수 없었던 것이다. 대학이 이를 극복하지 않으면, 급진적이고 존재론적인 질문을 던지는 철학은 설 자리가 없어진다. 하이데거는 인간의 존재를 깊이 있게 일깨운다는 학문의 본질을 추구하는 것과 사실적이고 기술적인 정보를 모으고, 산업적인 유용성을 따지는 근대 대학의 모습 사이에는 극복하기 어려운 거리감이 있다고 생각했다. 그가 본 당시 대학의 현실은 존재를 묻는 학문이 실용적이고 기술적인 학문으로 변해 있었고, 학문은 전문인 양성을 위한 훈련으로 전락한 상태였다. 또 지식은 정치적이고 공리적인 목적으로 존재했다. 지식의 기술화, 학문의 직업화, 대학의 기업화와 같은 문제를 서구 사상의 본질적인 면을 왜곡하는 것으로 파악하고 심각하게 받아들였다. 이런 교육의 결과는 우리의 존재까지도 기술적으로 이해하게 되기 때문이다. 기술적 관점은 인간을 생산의 자원으로 쓰임받으려고 기다리는 대기 상태에 있는 것으로 인식한다. 인적 자원은 생산을 위한 자원이고, 효율성 극대화의 대상일 뿐 본질적인 의미를 지니지 않는다는 것이다. 하이데거의 이런 지적은 교육을 기술적 자원으로 쓰임받기 위한 준비 과정으로 생각하는 오늘의 교육 현실에 대한 비판으로도 이해할 수 있다.

하지만 하이데거는 비판적인 진단에 그치거나 대학의 몰락과 종말을 예고만 한 것이 아니라, 진지한 해결책까지 내놓았다. 기술적인 이해로 교육을 보는 것에서, 존재론 차원의 이해를 주장했다. 존재론적인 교육은 그의 철학의 기본 주제와 다르지 않다. 교육을 통해 존재의 변화를 추구해야 한다는 것이다. 그는 플라톤의 '동굴의 우화' 를 통해 플라톤의 교육 이념이었고, 서구 고전의 이념이었던 파이데이아(Paideia)란 개념을 재점검한다. 하이데거는 플라톤의 파이데이아 이념의 의미가 존재론적 교육에 있다고 이해했고, 이 교육의 회복으로 대학을 새롭게 할 수 있다고 생각했다. 실제로 파이데이아는 인간교육론이었고, 기독교 신학의 오랜 교육 이론이기도 했다. 그러나 이 개념은 과학과 합리성을 내세운 근대의 교육 이론에서 배제된 것으로, 이를 회복하려는 하이데거의 노력은 그의 철학 정신에 어울리는 것이라 하겠다. 하이데거가 플라톤의 글을 통해 이해한 파이데이아 내용은 이렇게 정리할 수 있다. 곧 교육의 본질이 변화이기 때문에, 이 변화는 이 세상의 일상에서 벗어나 자신의 본질적인 면, 곧 존재 그 자체를 성찰할 수 있는 곳으로 이끌어내는 것을 말한다. 그가 대안적인 교육 이념으로 생각했던 플라톤의 파이데이아 이념은 지식을 학생의 빈 영혼에 채워넣는 식의 교육이 아니라, 우리의 영혼을 존재의 본질로 인도하고, 그 본질에 익숙해지도록 변화시키는 것을 말한다. 플라톤의 이 교육 이념은 역사 속에서 훼손되고 왜곡되어왔다. 그 왜곡의 역사에서 주인으로 등장한 개념이 바로 형이상학이었다. 형이상학은 정해진 이해와 양식 안에서 모든 것을 판단하였고, 그것의 교육적인 표현은 휴머니즘이었다. 플라톤의 교육 이념을 회복하는 길은 그의 진리론을 밝혀내는 데에 있다. 하이데거에 따르면 플라톤의 글에는 감추어진 것을 보여주는 차원의 진리와, 올바른 것이라는 차원의 진리 이해가 상존하고 있었다. 그러나 전자의 진리는 사라지고 후자만 남아 교육의 본질을 흐려놓았다는 것이다. 즉 존재의 의미를 드러내는 교육은 사라지고, 인간의 판단으로 정한 목적을 성취하기 위한 도구로 교육을 이해하는 휴머니즘이 교육으로 등장했다는 것이다.

하이데거는 플라톤이 동굴 우화에서 말한 진리의 의미뿐만 아니라 교육의 본질까지도 되찾을 수 있다고 믿었다. 그에게 교육의 본질과 진리의 본질은 동일한 것이었다. 동굴의 우화는 동굴 속에서 쇠사슬에 묶인 채 벽에 비친 불빛의 그림자만을 세상의 전부로 이해하는 사람들을 말한다. 그러다 사슬이 풀려 위를 향해 올라오면서 그림자를 그림자로 이해할 수는 있어도 사람이 만들어놓은 동굴 불의 강한 빛 때문에 그 불 자체가 인위적인 것이라는 사실은 파악할 수 없다. 진정한 자유는 오직 동굴 밖으로 나와 완전히 열린 세상, 숨겨지지 않은 세상을 볼 수 있을 때 얻어진다. 동굴에서 나와 열린 상태에 적응해 동굴의 실상을 객관적으로 보려면 그 상황에 적응해야 한다. 이 힘든 적응 과정을 거쳐야만 자유를 성취할 수 있는데, 그 과정이 바로 교육의 과정이라고 보았다. 파이데이아의 본질은 바로 동굴 밖으로 몸과 마음을 돌리는, 감춰지지 않은 열린 세상을 향해 방향을 돌리는 변화를 말한다. 따라서 하이데거에게 참된 교육은 우리의 영혼을 존재의 본질로 인도하고 그에 익숙해지도록 변화시키는 것을 말한다.

하이데거의 이런 교육 철학에서 구체적으로 적용할 수 있는 내용을 찾는 것은 쉽지 않다. 그의 철학이 난해한 이유도 있지만, 교육에 대한 우리의 시각이 하이데거가 비판했던 그 한 방향으로 국한되어 있는 이유도 있을 것이다. 그러나 하이데거는 자신의 철학을 믿었고, 기술이 아니라 존재의 문제로 학문의 문제를 전환시킴으로 대학을 변화시키고, 대학의 변화를 통해 독일 사회의 정신적 개혁을 추구하고자 했다. 이 변화의 주체는 철학이었고, 철학의 역사에서 망각한 철학의 본질을 되찾아 현대 학문의 지적인 통합을 원했다. 그러나 불행히도 하이데거는 이런 철학적 변혁의 가능성을 히틀러의 나치 정권을 통해 보게 된다. 군중을 현혹시키는 광란의 현장에서 존재의 참 모습을 발견한 하이데거는 이에 전적인 복종과 헌신을 요구했다. 대학이 독일 민족의 앞날을 위해 이미 결정되고 주어진 숙명 앞에 헌신하는 게 대학의 사명을 완성하는 것으로 파악했다. 하이데거가 대학 총장이 된 이유는 바로 대학의 사명을 완성하기 위한 것이었다.

하이데거는 악마와의 타협을 통해 대학 총장이 된 것이지만, 대학을 학문의 전당으로 만들려는 노력을 하지 않은 것은 아니었다. 학문의 분업화와 학부 중심으로 지식이 분열되는 것을 극복하기 위해 학부들의 특권과 자율의식을 비판했고, 학장들을 교수평의회가 아니라 총장이 직접 임명하는 체제를 만들어 이런 개혁을 실행하려 했다. 그러나 나치 체제하에서 학장을 총장이 임명하는 제도는 대학의 나치화를 가속시키기도 했다. 하이데거는 학생과 교수가 함께 생활하며 일하는 공동체를 만들고자 했다. 또한 대학의 문호를 노동자 계층에게 개방해 그들이 직업교육밖에 받지 못하는 상황을 타개하고자 했다. 이런 구상은 모두 대학이 특권층의 소유물이 아니라, 다수에게 열려 있는 기관이 되어야 한다는 그의 집념을 보여주는 것이었다. 그러나 그런 노력은 결국 나치 정권의 대중 선동 이데올로기의 도구로 전락할 수밖에 없었다. 결국 그의 노력은 실패로 돌아갔고, 나치 정권하에서 대학 개혁이 이루어질 수 없다는 것을 깨달았다. 대학이 산업교육과 상업교육의 기관으로 변하고, 기술적으로만 세상을 이해하는 구조에서 벗어날 수 없다는 것을 깨달았던 것이다. 히틀러 통치하에서 대학의 본질적인 개혁이 이루어질 것으로 믿었던 하이데거는 큰 판단상의 오류를 범한 것이다. 나치의 인종주의적이고 전체주의적인 사고가, 대학을 존재와 진리를 추구하는 격리된 공간으로 내버려두지 않을 것이란 사실을 망각한 결과였다. 그러나 그의 오류는 본질적으로 근대의 이성과 문명에 대한 혐오증이 만들어낸 결과이기도 했다. 이성을 거부한 정치 세력에게서 진리를 보았고, 파시즘의 전체주의 정치 속에서 대학이 온전할 것으로 믿은 것은 대학의 개혁이 아니라, 몰락을 재촉하는 행위였다.

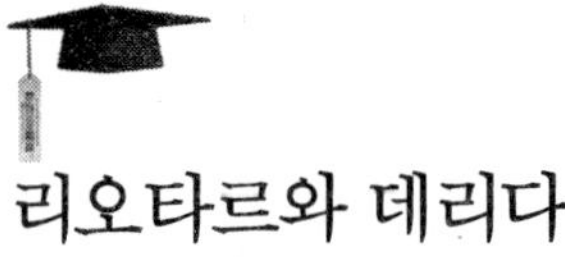

리오타르와 데리다

하이데거 이후 대학의 문제를 철학의 관점에서 다룬 프랑스의 두 철학자가 있다. 리오타르(Lyotard)와 데리다(Derrida)이다. 리오타르(1924~1998)는 포스트모더니즘이라는 개념을 학문적이고 문화적인 용어로 자리매김한 학자로 유명하다. 그러나 그의 저명한 책인 『포스트모던의 조건』이 1970년대 말 캐나다 퀘벡 주 대학협의회의 의뢰를 받아 쓴 글이었다는 사실은 그다지 부각되지 않는다. 퀘벡의 대학 측 입장에서는 급변하는 지식의 양상과 조건 속에서 대학교육을 위한 정책적 자문을 구한 것이었고, 리오타르는 대학의 문제를 철학의 문제로 직시하고, 서구 철학의 전통을 나름대로 계승하면서 포스트모던이란 개념으로 대학과 학문의 문제를 설명해 큰 영향을 미쳤다. 그 책을 리오타르의 대학론이라 해도 무리가 없을 것이다. 그러나 그의 철학에서 대학론은 따로 존재하지 않는다. 리오타르는 자신이 살았던 시대가 어떻게 만들어졌고, 어떤 조건에서 움직이는지에 일차적인 관심을 가졌기 때문에 예술과 문학 그리고 문화와 정치의 분석은 언제나 그의 철학의 중요한 부분을 차지했다. 그 분석은 가치중립적인 것은 아니었다. 그는 정의와 자유와 같은 윤리적이고 사회적인 문제에 관심이 많았다. 리오타르는 절대적이고 보편적인 규범이나 법이 없어진 상황에서 어떻게 책임있는 사고를 하고 행동을 할 수 있는가를 항상 생각했다. 그는 포스트모던 시대의 모호한 진리 때문에 모든 것이 허용되고 소비만 남는다는 허무적인 사고를 경계하고, 동시에 이 시대를 자본주의의 이윤 추구와 대기업의 횡포에 의해 지배되는 시대라고 생각하는 것을 거부한다. 그는 이 시대의 문화와 예술과 정치를 분석하면서 정의로움을 향한 또 다른 사고와 행위의 가능성을 찾았다.

그러나 그의 책은 실천적 대안을 제기했다기보다 문제를 진단한 것으로 더 잘 알려져 있다. 후기 산업 사회의 상황과 곧 도래할 신자유주의 시대에서의 지식의 조건을 사상의 역사 차원에서 잘 정리해주었다. 세계화라고 불리는 용어가 유행하기 20년 전에 이미 그 현상을 예견했다. 그는 세계화의 본질을 지식의 문제로 이해했기 때문에 지식의 조건과 변화에 주목했다. 대학과 관련해서는 이 시대의 지식이 어떻게 생성되고 이용되는가를 파악하는 일이 대학에서 해야 할 학문의 기초 작업이란 의미가 담겨 있다. 그의 진단은 한 시대의 지식에 대한 보고의 차원을 넘어, 그 시대에 대한 정의를 내렸다. 그가 본 변화된 이 시대의 대학은 이미 그 사명이 끝난 교육 기관이었다. 근대의 대학이 추구했던 통합된 지식을 지칭하는 과학은 더 이상 실용성이 없는 개념이 되었다. 지식의 목적은 소비와 교환이 되었고, 지식 그 자체가 목적이 될 수는 없게 되었다. 이런 시대에 대학의 연구와 산업적 연구의 구분은 없다. 대학의 교육은 지식 경제의 한 축으로 이해될 뿐, 인간이 되기 위한 조건도 아니고, 민주 시민 사회의 구성원들의 권리도 아니다.

리오타르는 근대의 대학이 계몽이라는 이상을 앞세우며 인간 해방이라는 큰 담론 아래 학문적 작업을 해왔다고 보았다. 그것이 억압과 왜곡에서 해방이었든, 자유를 향한 해방이었든, 그 논리는 구원의 논리였고, 인간은 구원을 필요로 하고 이를 통해 주체적인 자아로 재탄생할 수 있다는 논리를 전제로 한다. 계몽주의, 마르크스주의, 심지어는 휴머니즘도 이 해방과 구원의 논리를 바탕으로 한다. 이런 담론은 총체적인 역사 철학이자 사회를 받쳐주는 원리이고 윤리였다. 이런 해방의 담론은 과학이 인간의 해방이자 미래라 여기는 과학주의도 물론 포함한다. 그러나 그런 해방의 담론이 현실에서 적용될 때 황당하고 비참한 결과를 낳는다는 것은 20세기 역사가 잘 증명해준다. 문제는 리오타르의 지적대로 포스트모던하다는 시대, 즉 해방과 구원이 더 이상 실천의 동기가 되지 못하고 이론의 구심점이 되지 못할 때, 대학과 지식의 관계는 어떻게 바뀌었나를 파악하는 것이다. 대학에서 해방이라는 초월적 가치는 철저하게 배제되었고, 체제 내에서 기술적 기능을 담당하는 것만이 대학의 사명이 되어버렸다. 해방은 생산성과 효율성을 높이는 행위로 대체되었다. 입력과 출력을 위한 최적의 상태를 유지하는 게 경쟁에서 이겨, 뛰어남을 자랑할 수 있는 방식이 되었다.

미래에 대한 믿음을 상실한 시대에서 지식의 조건은 진리가 아니라 유용성이다. 자본주의 시대에 유용성이란 상품화의 가능성을 말한다. 현대 사회에서 이 변화의 윤리적인 문제가 지적되지 않는 이유는 지식의 기계화 또는 전산화에 있다. 컴퓨터와 같은 기술이 지식을 새롭게 정의하는 이 시대는 인간의 도덕적 책임이 점차 논의에서 사라지는 시대이기도 하다. 얼마나 많은 이 시대의 사고와 사건들이 인간의 책임이 아닌 기술과 기계의 문제로 취급받는가? 지식의 유용성의 정의는 연구를 지원해주는 기관의 입장에서 정해진 것이다. 여기서 기업은 연구의 지원을 맡고, 국가는 변화된 지식의 체계를 개혁이란 이름으로 제도화시키게 된다. 대학은 실질적인 결과를 추구하는 기술을 학문으로 이해하게 되고, 세계관이 아닌 생산을 목표로 한 성과를 통해 자기만족을 느끼는 집단으로 변한다. 기술적 학문의 가치가 성과라면 그 기준은 효율성이 된다. 해방도 미래에 대한 믿음도 가치의 기준이 되지 못하기 때문이다. 지식에 대한 고전적인 이해는 그것이 목적과 이상에 의해 이끌리는 것이었다. 그리고 지식은 그것을 소유하고 추구하는 주체와 분리될 수 없다는 생각이 일반적인 것이었다. 대학은 그런 지식의 모체로 스스로를 이해해왔다. 그러나 그런 지식은 역사와 민족과 같이 자본주의를 견제하던 개념들이 와해되고, 자본주의가 유일한 가치로 등장하면서 더 이상 인정받지 못한다.

해방의 담론을 신뢰하지 못하는 시대를 살아가는 방식을 리오타르는 '언어 게임' 에 비유한다. 이것은 두 가지 의미를 지닌다. 하나는 큰 이상과 목적이 사라진 포스트모던 시대에는 각자가 처해 있는 수많은 상황이 지닌 언어의 문법과 논리에 적응하고 협상하면서 일상을 살아간다는 것이다. 다른 의미는 인간의 삶이 내적인 논리를 가진 다양한 언어 공동체 안에서 이루어지고 있기 때문에, 전체를 내세운 획일적인 합의나 일치를 추구하지 말아야 한다는 것이다. 이를 게임이라 부른 이유는 우리가 살아가는 언어의 세계는 지극히 일상적인 것이지, 보편적인 진리를 추구할 수 있는 공간이 아니기 때문이다. 거대 담론들이 사라지면서 언어 이해가 인간 이해를 대신한다는 주장은 최근에 흔히 들을 수 있는 말이다. 리오타르는 더 나아가 자본주의하에서 언어가 생산성 있는 상품으로 변한다고 한다(Lyotard, 1993. p. 27).

자본주의 시대의 언어가 생산과 상품화의 도구가 아니라, 그 자체가 생산적 상품이라는 것은, 생산만큼 마케팅에 의존하는 전략에서도 볼 수 있지만, 최근 한국에 팽배해 있는 영어에 대한 맹목적 관대함과 수용 의지에서도 찾을 수 있다. 이 의지의 전제는 글로벌 자본주의 시대가 새로운 존재를 요구한다는 것이다. 이 존재는 일상의 언어 곧 과거의 언어로는 채울 수 없는 글로벌한 인간이다. 새로운 존재의 언어 역할을 영어가 맡고 있다. 컴퓨터 기술의 응용으로 어렵지 않게 해결될 것 같은 영어의 듣고 말하기 문제는 더 이상 기술의 문제가 아니다. 유용성이나 편리함의 문제가 아니라, 글로벌 존재라는 새로운 존재의 문제이기 때문이다. 여기에서 존재의 집은 추상적인 언어가 아니라 바로 영어가 된다. 이쯤 되면 리오타르가 주장한 해방에서 언어로의 전환이 황당한 분석은 아니란 생각이 든다.

리오타르와 같이 화려한 개념 정의나 선언은 하지 않지만, 누구보다 깊은 성찰로 자신이 생각했던 대학의 본질을 말한 사람이 데리다(1930~2004)였다. 1970년대 해체(Deconstruction)라는 개념을 서구 철학의 화두로 등장시켜 철학의 새로운 장을 연 사람이다. 대학을 주제로 쓴 그의 글들을 보면 그것들이 일시적이거나 시사적인 관심이 아니라는 걸 쉽사리 알 수 있다. 70년대부터 그의 생애 말년까지 지속된 관심을 보였는데 그 이유는 대학과 철학의 문제는 역사적 관계의 문제일 뿐 아니라, 그 자체가 철학적 문제라고 생각했기 때문이다. 철학은 대학이라는 제도가 생기기 이전부터 있었던 학문이지만, 지금은 대학 밖의 철학을 상상할 수 없다. 철학적 문제는 바로 여기서 시작한다. 곧 삶으로서의 철학과 담론으로서의 철학 사이의 괴리, 학문의 자유와 제도적 조건과 한계 등이 파생해내는 문제이다. 그러나 그 문제를 벗어나 대학에 대한 그의 생각은 어렵지 않게 접할 수 있다.

데리다는 칸트 이후의 근대 대학에 초점을 맞추면서, 대학과 이성의 관계에 주목한다. 계몽주의를 이성이 지배하는 사회를 꿈꾼 관념이라고 한다면, 대학은 이성에 의해 움직이고 이성이 대학을 지키는 역할을 한다고 여겼다. 대학, 최소한 칸트 이후의 서구 대학의 존재 이유는 언제나 이성 그 자체였다는 것이다. 이성의 원칙 혹은 합리적으로 세상과 인간의 이치를 찾을 수 있다는 믿음의 정신에 반대하는 대학은 없었다. 기술적인 사유 자체도 그런 합리적인 이성의 원칙에서 출발했다는 데에 반론이 있을 수 없다. 그러나 그 이성이 자본주의 시장과 기술주의의 유용성에 매몰된 대학에서 어떤 위치에 있는가 하는 질문이 데리다에게 중요한 문제로 등장한다. 학문의 작업에 정치적이고 경제적인 외적 조건과 가르치고 연구하는 내적 조건이 구분되지 않는 상태에서 대학이 이성의 바탕 위에 서 있다고 할 수 있는가? 대학과 이성의 관계가 해체된 상태에서 대학의 존재 이유는 무엇인가? 현대 대학에서는 이성의 원칙이라는 개념이 생소해졌다. 그 원칙이 무엇이고 어디에서 나왔는지 추구하고 질문하려고 하지 않는다. 그럼에도 불구하고 현대의 대학은 발전에 발전을 거듭해왔다. 성과만을 목적으로 한 연구, 기술과 유용성과 정보화를 목적으로 한 연구의 체계에 모든 지식이 동원된다. 그 연구의 극한 예가 군사력 향상을 위한 연구이다. 이 연구에는 기술적 과학만이 아니라 사회학, 인류학 그리고 심리분석학까지도 동원된다. 이성은 인간을 이해하기 위한 철학적 개념이 아니라, 목적을 추구하는 수단이 되어버렸다.

이런 현실에 대해 데리다는 대학의 책임과 본질을 말한다. 대학이 기술과 상품과 정보의 가치에 복종하는 상황에서 짊어져야 할 책임은 무엇인가? 그 책임 의식은 기술과 정보의 시대를 부정하는 것도 아니고 비합리주의로 이에 대항하자는 것도 아니다. 대학의 책임은 세상과 인간의 미래에 있다. 이것은 분명 끝없고 무한한 책임이지만, 대학이 서구 역사에서 이상으로 삼았던 것이다. 여기서 철학의 책임은 사고하고 질문하는 것이다. 이런 책임 의식을 통해 정보화의 본질이 무엇인지 묻고, 그 본질이 정보의 내용에 있지 않고 지배하는 인간의 모습을 실현하는 게 아닌가를 파악해야 한다. 또 목적과 응용 중심으로 재해석된 이성을 분석하고 평가하는 책임도 생각할 수 있다.

대학의 책임 의식을 되찾기 위해 데리다는 진리를 주장할 대학의 절대적인 자유를 말한다. 그는 『조건 없는 대학』이라는 글에서 대학은 "모든 독단적이고 불의한 것에 대한 비판적인 저항"의 공간이 되어야 한다고 주장한다. 데리다가 이런 주장을 하게 된 것은 기술적이고 시장적인 가치가 지배하는 사회 탓이다. 그는 이런 가치에 대해 저항할 수 있는 능력이 바로 계몽주의의 이상을 물려받은 대학의 특권이고, 대학의 당위성을 주장하는 길이라 여긴다.

또한 시장과 기술이라는 우상이 인간에 대한 이해와 관심을 뒤덮어버릴 위험이 있는 시대에, 인간의 미래에 대한 질문은 여전히 '믿음의 선언' 이라는 고전적인 대학의 이념과 연관되어 있다고 생각한다. 그러나 데리다에게 이 믿음은 기독교의 믿음이 아닌 인류에 대한 계몽주의적인 믿음에서 출발한다. 대학이 조건 없는 진리추구의 공간이라는 그의 주장의 근거는 그런 프로페숀(Profession) 즉 선언이나 고백의 사명에 있다. 대학 교수가 영어로 프로페서(Professor)라 불리는 이유는 교수가 고백적 선언으로 가르치는 사람이기 때문이다. 무엇을 선언하는가? 바로 믿음이 된 지식을 선언, 선포하는 것이다.

위와 같은 데리다의 대학론에 대한 짧은 설명에서 최소한 두 가지 연관된 관찰을 할 수 있다. 첫째, 현대 대학의 문제에 대한 올바른 접근은 대학의 오랜 역사에 담겨 있는 논쟁과 이념과 지혜를 참고해야 한다는 것이다. 둘째, 대학이라는 고등교육 기관의 기본적인 구조 속에 숨겨진 대학의 약속이 있다는 것이다. 데리다에게 그 약속은 인류에 대한 책임을 지고자 하는 믿음의 선언이었다. 그 선언으로 대학이 추구하는 이상은 '기술-과학적 지식'을 넘는 것이다.

데리다에 대한 이런 관찰이 한국의 상황에 직접적인 연관이 있다고 주장하기는 쉽지 않다. 그러나 현대 대학의 위기를 철학적 맥락에서 이해하려 한 데리다의 노력과, 인류의 미래를 상상하는 과정으로 대학에 대한 엄밀한 분석이 필요하다는 그의 지적은 한국의 상황과 관련이 없지 않다. 시장이 아니라 인간에 대한 믿음을 고백하기 위해 대학은 "비판적 저항의 궁극적 장소"로서 스스로를 인식해야 한다.

알란 블룸의 꿈

하이데거가 대학과 철학의 문제를 독일의 상황에서 바라보았고, 데리다와 리오타르가 포스트모던한 시내에 프랑스 철학의 관점에서 그 문제를 분석했다면, 이에 대한 미국적 성찰은 알란 블룸(Allan Bloom, 1930~1992)에게서 찾을 수 있다. 그는 미국의 철학 전통이라 할 수 있는 실용주의 철학의 전통에 서 있지 않았다. 독일에서 건너온 그의 스승 레오 스트라우스에게 배운 플라톤의 철학과 희랍 철학이 그의 주된 관심사였다. 블룸을 통해 미국적 관점을 볼 수 있다는 말은 그가 대변했던 보수적 사상의 전통이 고전 중심의 교육을 주장했고 이성 중심의 철학 이해를 고수하면서 미국 대학의 교육론에 큰 영향을 미쳤기 때문이다. 1930년대 당시 시카고 대학의 총장 허친스의 주도로 시작된 서구 고전 중심의 대학 교육

프로그램(Great Books Program)은 블룸 자신이 학부 시절 배웠던 교과 과정이기도 하지만, 미국의 많은 대학에 영향을 미쳤고 아직까지 그 프로그램을 신조로 삼는 대학들이 많다.

그 프로그램은 미국 대학이 직업교육 또는 기술교육 쪽으로 교육의 초점을 맞추어 직업인 양성소로 바뀌는 세태를 비판하고, 대학의 사명을 재확인하려는 의도로 시작되었다. 민주사회에 적합한 시민, 사유하면서 자유를 실천할 성숙한 인간을 만드는 가장 효율적인 방식이 철학과 신학, 문학과 기초 자연과학의 고전을 읽고 토론하는 것으로 보았다. 전통의 이상 속에서 현실을 분석하고 비교할 수 있고 또 가치 있는 삶을 스스로 생각하면서 개척할 수 있는 능력은, 인간의 문제를 두고 고민한 상상력과 사고력의 결정체인 고전과의 대화를 통해 가장 잘 형성될 수 있다는 믿음이었다. 4년간 의무적으로 동일한 서구 사상의 전통에서 인정된 고전을 읽고 토론하는 방식으로 짜여 있는 프로그램이었다. 기초 자연과학과 고전어를 포함해 현대의 외국어까지 중요시하는 교육 과정으로 인문학만을 공부하는 것은 아니었다. 미국 내 보수적 철학이 재등장하는 시기에 나온 교육운동이었고, 당시 유럽을 휩쓸었던 실존주의 철학과 같은 허무적이고 무신론을 넘나드는 철학을 배격하고 전통 서구의 지성사에서 이 시대의 정신적이고 물질적인 위기를 극복할 근거를 찾자는 이성과 자유의 철학운동이었다.

블룸의 대학론은 1960년대 이후 미국의 대학이 상대주의와 허무주의에 빠지고, 한쪽으로 치우친 교육을 하면서 대학의 사명을 잃고 위기를 맞고 있다고 판단하고 이에 대한 신랄한 비판으로 시작한다. 그 비판이 담겨 있는 저서가 1987년에 출간된 『미국 정신의 닫힘』(*The Closing of the American Mind: How Higher Education Has Failed Democracy and Impoverished the Souls of Today's Students*)이라는 긴 제목의 책이었다. 6개월 동안이나 베스트셀러 1위를 차지했고, 백만 권 이상이 팔렸으며 미국 사회에 큰 파장을 일으켰다. 아무도 예기치 못했던 출판 사건이었다. 분명한 시각을 갖고 쓴 논쟁적인 에세이였지만, 서구 고전의 역사와 현대 대학의 문제를 철학의 입장에서 다룬 쉽게 읽히지 않는 책이 그만큼 팔렸다는 것은, 대학 교육을 둘러싼 보수와 진보 진영의 갈등이 그만큼 크다는 것을 증명해준 것이다.

블룸이 스트라우스에게 배운 것은 이성에 대한 끝없는 신뢰와 이성에 의거한 철학적인 삶이라 할 수 있다. 고대 플라톤에게 뿌리를 둔 그 삶은 정치 참여적인 삶이었다. 그 삶이 최근 네오콘이란 정치 세력을 통해 미국 정치에서 미국 중심의 제국주의를 옹호하는 왜곡된 자세로 드러났지만, 철학을 삶으로 이해하고 실천하려는 근대 철학사에서 보기 드문 학파였던 것은 분명하다. 최근 스트라우스의 이론을 바탕으로 미국의 신보수주의 운동을 펼쳐온 사람들 중엔 블룸의 제자들도 있다. 편향된 이성이었지만, 이성의 실천과 철학적 삶을 논했던 그들에게 실존주의 이후 포스트모더니즘까지의 서구 사상은 반이성적이고 타락한 것이었다. 이런 사상은 체제에 대한 비판으로 이어졌고, 이 분위기에서 공부한 대학생들이 반체제운동이나 허무주의에 빠지는 것은 그들이 생각하기에 당연한 결과였다. 그들은 좌파적 반체제 정신과 개인주의와 상대주의가 지배하는 대학을 진리를 추구하는 철학적인 사고의 장으로 바꾸고자 애썼다. 대학은 실용성을 넘는 보편의 진리와 도덕성을 추구하는 인간을 만드는 곳이라 간주했고, 또 그런 진리가 그 가치를 잃지 않고 유지되려면 사회적 질서와 힘도 필요하다고 보았다. 진리와 정의가 힘과 질서를 필요로 한다는 생각이 어떻게 9/11 이후의 세계 질서를 선과 악의 싸움으로 간주하고 대처해 나가려던 부시 정권을 옹호하는 철학으로 등장했는지는 어렵지 않게 이해할 수 있다.

블룸은 미국 대학 교육의 몰락을 1960년대 학생운동과 연결지었다. 실제로 당시 학생운동이 지향했던 열린 교육, 문화적 다양성 그리고 반체제와 탈권위와 같은 정치적 슬로건은 미국 사회와 대학 교육에 큰 영향을 미쳤다. 블룸은 그 운동의 결과로, 옳고 그름은 더 이상 대학의 관심이 아니고, 가치의 차이만이 남는 문화적 상대주의가 팽배하게 되었고, 대학은 존재 의식을 상실한 위기 상황을 맞게 되었다고 간주했다. 대학은 지적이고 도덕적인 권위를 잃었고, 학생들은 전통적 가치를 접하고 깊이 있는 깨달음과 배움의 기회를 갖지 못했다. 선과 진리 같은 인류의 주제들은 역사학의 일부가 되어버렸고, 그 자리는 이데올로기와 욕망과 같은 화두들이 차지했다. 더 이상 진리를 주장할 능력이 없는 대학은 가치의 차이와 가치의 진정성만을 옹호하게 되었고, 학생들은 성적 쾌락과 물질적 만족만을 추구하게 되었다. 대학은 열린 교육을 주장하지만 실제로는 학생들의 영혼을 빈곤하게 만드는 닫힌 교육을 하고 있다는 것이다.

대학에 대한 블룸의 비판은 대학이 사명과 본질이 있다고 믿었기 때문에 가능했다. 그 본질에 의해서 대학을 몰락의 위기로 이끌어간 세력들, 즉 서구의 자본주의 시장까지도 그 경박함을 비판받아야 한다고 믿었다. 그의 보수성은 자본주의 시장 경제 체제를 신봉하는 보수가 아니었다. 서구 철학의 전통인 자유교양교육이 아직도 가능하다는 믿음, 그리고 그 교육의 정신에서 멀어졌기 때문에 대학이 사유하는 인간을 만들지 못하고, 시대의 가벼운 오락성과 허무성을 꿰뚫어볼 비판적 지식인을 양성하지 못한다고 보았다. 블룸은 이 시대의 종교도 역시 자본주의에 편승해 방관자 역할밖에 하지 못한다고 생각했다. 현대 대학에 대한 좌파의 비판이 자본주의 체제와 결탁하여 대학을 기업인 양성소로 만드는 경향을 고발하는 것이라면, 블룸을 위시한 보수주의의 비판은 대학이 고전의 전통을 망각하고 철학 없는 교육만을 강요하면서, 목적 없는 대학이 되어버렸고, 지적이고 도덕적인 권위를 잃었다는 주장이다. 그 결과는 혼이 없는 학생들을 배출한다는 것이다. 블룸은 열린 교육이라는 슬로건하에 필수과목을 줄이고 학생들이 입맛에 맞는 과목만 들어도 되게, 소비자 위주의 커리큘럼으로 바꾸는 경향을 비판했다. 배움에 대해 열려 있으려면 어렵고 지루하고 연관성이 없어 보이는 학과목이라도 꼭 배워야 할 것들이 있음을 인정해야 한다고 믿었다. 지적인 삶도 이 시대의 자화상과는 거리가 있지만 큰 차원에서 필요한 것이고, 고전의 지식은 실용성과는 상관없이 필요하다는 것이다.

현대의 대학은 사회의 모든 것을 맡아 하려는 유혹을 받는다. 교육과 연구는 물론 금융에서 미술관까지 대학이 자신의 영역 밖이라 생각하는 곳은 없다. 하지만 대학은 사회의 유혹을 거부할 인기 없는 곳이어야 한다. 블룸은 대학의 문제를 돈이나 의지의 약함이나 행정상의 문제가 아니라고 주장했다. 대학의 사명 즉 대학이 어떤 곳이어야 한다는 신념이 없다는 것을 문제로 삼았다. 이 상태에서 학문의 자유를 주장한다는 것은, 다른 목적이 있는 것이고 대학을 위하는 것이 아니라는 것이다. 그는 대학의 목적이나 사명에 대한 사고가 부족한 이유를 대학의 역사가 남긴 전통과 이상을 지킬 의지를 잃었기 때문이라고 이해했다. 블룸은 대학 학부 교육의 내용과 한계를 단순하게 설정했다. 철학과 신학과 고전문학 그리고 전체의 질서와 관계성을 찾으려 했던 과학의 역사를 가르치면 되는 것으로 보았다. 그러나 이런 고전 중심의 공부를 할 때, 이미 익숙해 있는 현대의 방법론이나 이론을 적용해 그 의미를 찾으려는 자세는 옳지 않은 것으로 생각했다. 고전 안에서 옛 사람들이 인류의 어려운 문제들을 어떻게 풀어냈는지, 그리고 어떤 방식으로 답을 찾아냈는지를 모두 고전과의 대화에서 찾는 것을 선호했다. 여기서 고전을 경전에 준하는 것으로 이해하는 환상적인 신뢰도 보이지만, 고전을 통해 학생들이 세상을 향한 올바른 질문을 할 수 있고, 스스로 생각할 능력을 키우고, 의미 있고 깊이 있는 삶을 개척할 수 있다는 사실에 대해 의심을 품지 않았다. 바로 그런 교육을 통해 열림을 추구하는 게 대학의 사명이라고 확신한 것이다.

블룸과 같은 학자들이 고전 속에 우리에게 필요한 모든 진리가 이미 담겨 있고, 그 뜻을 풀어내어 세상을 이해하고 인격을 쌓는 게 학문의 본질이라고 주장하는 이유는, 현대 지식인 사회의 문제가 대학 교육의 실패를 낳았고 학생들의 정신적 빈곤함으로 나타났다고 믿었기 때문이다. 자유를 주장하는 교육을 받았지만 몸과 성의 자유로밖에는 그것을 표현하는 방식을 모르는 세대가 등장했고, 인생을 아무렇게 살아도 성공만 하면 된다는 특이한 자유의식이 등장했음을 지적한다. 진리를 성찰하는 삶이나 명예로운 삶의 양식은 이윤 창출을 목적으로 하는 삶의 그늘에 갇혀, 아예 상상의 대상조차 쉽게 되지 않는다. 블룸은 같은 차원에서 서구의 종교도 현대 사회에서의 종교적 삶의 양식을 개척해내는 데 실패했다고 여긴다. 하지만 블룸의 진단이 전적으로 옳은 것이라도 그에 대한 해답이 서구 고전 중심의 교육이라는 주장은 많은 문제를 안고 있다. 문화상대주의도 부족한 개념이지만, 문화우월주의는 더 큰 문제를 만들기 때문이다.

블룸은 종교와 계몽주의의 이념이 실패한 이 시대에 에로스와 로고스를 아우르는 앎과 덕의 사랑을 추구한 고대 서구 사상의 교육 이념의 부활을 꿈꾸었다. 블룸은 철학적 삶을 말한다. 그리고 철학은 평등화된 민주적 학문의 흐름 안에서 조용히, 의미 없는 구분이나 추구하는 학문이 되어버린 것을 한탄했다. 철학적인 삶은 철학의 내적 요구가 더 이상 되지 못했고, 열정으로 전체와 통합을 상상하고, 사물의 원인과 가능성을 캐묻고 사유의 질서를 논하던 시대는 지났다. 고전 철학의 자세는 담론이 아니라 행위였다. 그러나 지금은 책으로밖에 존재하지 않는 사실을 슬퍼했다. 모든 게 평등해야 한다는 민주주의적 시각이 철학을 이렇게 만들었다. 블룸은 대학을 철학이 만든 작품이라고 여겼다. 아직도 그 유산을 간직하고 있지만, 대학이 철학을 논할 수 있는 시대는 지났다. 미국 대학에서 철학의 위치가 쉽게 위협받게 되었던 이유는 미국의 전통이 철학적 사고에 우호적이지 않았던 이유도 있었다. 철학에 입문을 하지 않아도 교육받은 사람으로 인정받을 수 있는 나라는 유독 미국이었다. 철학은 누구나 소유할 수 있는 삶의 자세일 뿐이기 때문이었다.

현재의 철학은 하나의 인문학에 불과하다. 대학의 위기에 목소리를 낼 시도도 하지 못한다. 자유교육의 전통을 수호하는 일에도 별 관심을 보이지 않는다. 현대 분석철학은 이미 철학의 그런 전통은 필요하지 않다고 보기 때문이다. 진리와 이성의 전통에 대한 관심이 없어지면서 언어와 텍스트 분석에 집중하기 시작했다. 해석가의 창의적인 행위가 글 그 자체보다 더 중요하다는 시각이 등장했고, 모든 것이 해석이라는 주장이 대두됐다. 텍스트는 텍스트 밖의 어떤 것을 지칭하지 않는다. 텍스트가 지닌 의미, 역사성 등은 고려의 대상이 아니다. 플라톤의 『국가론』을 영어로 번역했던 블룸은 철학이 소수의 지식인들의 유희로 전락하는 것을 반대했고, 오히려 철학적 삶의 자세가 정치와 정책 결정 과정의 한 축이 되어야 한다고 믿었다. 그것이 가능한 이유는 지혜와 덕망을 추구하는 인간의 본성적인 측면은 개인의 철학적 승화만을 지향하는 게 아니라 공동체의 변화까지 목적으로 하기 때문이었다.

블룸의 보수 고전주의 철학에서 고전을 통해 인류의 귀한 지혜를 학생들에게 전수한다는 대학관은 매우 긍정적인 것이라 하겠으나, 서구의 고전만을 고집하는 닫힌 고전교육을 주장한 것이었고 정치적으로 편향된 면이 많았다. 그는 1960년대 대학의 권위를 뒤엎고 반체제운동에 참여했던 학생들에 대해 비판적이었지만, 그 저항운동의 원인이 됐던 베트남 전쟁에 대해서는 별다른 언급이 없다. 헤드폰을 끼고 록 음악에 신들린 듯 몰두해 있는 학생들이 나르시시즘에 빠져, 영혼의 대화를 추구했던 서구 고전 음악의 전통을 무시한다는 탄식과 함께 가치관의 혼란과 문화적 타락을 언급하지만, 그 비판은 서구의 고전 문화에 대한 우월의식이 작용한 면이 있다. 그 우월의식은 미국이 세계를 주도해야 한다는 주장을 필연적인 것으로 인식하게 만들었다.

그렇다고 블룸과 같은 학자들이 대학의 기업화를 원했던 것은 아니다. 대학의 개혁을 원했지만 그 개혁은 자유와 이성의 원칙을 고전을 통해 도출해내는 철학적 개혁이었다. 대학을 철학이 아니라 자본주의로 개혁해내고자 하는 보수주의 세력은 시장주의로 무장된 정치적 보수파들이었다. 대학이 체제를 유지하고 시장을 관리할 자원을 배출하지 못한다면, 대학에 대한 철저한 감독과 통제를 통해 반체제, 저항정신을 뿌리 뽑겠다는 생각이었다. 지난 20여 년 동안 그 노력은 성공했고, 대학은 자본주의 효율성과 경쟁의 문화가 팽배한 공간이 되었고, 학생들은 사회의 변화나 헌신적인 삶을 향한 의지가 아니라, 자신의 시장성과 학자금 융자를 갚을 걱정을 해야 하는 수동적인 인간이 되었다. 블룸은 대학 교육을 통해 깊이 있는 인간, 자신의 삶에 대한 바른 질문을 통해 인생을 개척할 인간을 형성해내기를 기대했지만, 그런 교육의 장은 점점 사라지고 있다.

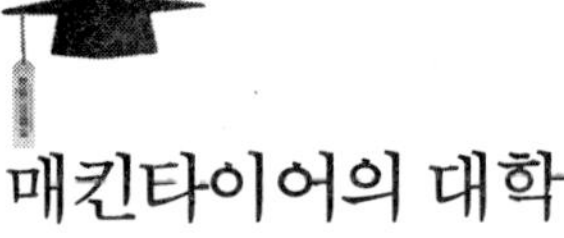

매킨타이어의 대학

가톨릭 사상의 전통에 뿌리를 두고 근대 철학의 경향에 대해 가장 비판적인 입장을 견지한 사람은 매킨타이어(Alasdair MacIntyre, 1929~)라 할 수 있다. 역사와 사회적 배경, 즉 전통에 의거하지 않은 보편적이고 중립적인 합리성이란 없다는 논리를 펴온 매킨타이어는 대학의 문제에 꾸준한 관심을 갖고 있었다. 그는 비전 없는 현대의 대학을 비판하고 신학까지도 대학 내에서 정당한 위치를 찾을 수 있다고 주장해왔다. 2009년에 출간한 『신, 철학, 대학』(*God, Philosophy, Universities*)이란 책은 그 관심을 구체적으로 발전시킨 것이다. 자유주의 사상이 피폐한 삶의 선택을 낳는다는 지적을 하고, 아리스토텔레스의 사상을 재구성하여 현대 사상의 궁핍함에서 벗어날 수 있다는 주장을 하면서, 허무와 회피로 일관하던

20세기 철학의 놀이판에 돌을 던진 매킨타이어 바로 그만이 쓸 수 있는 책이란 생각을 하게 만든다. 현대 대학의 문제를 중세 대학의 이상과 이념에 비추어 조망하고, 철학의 주제로 대학을 다루었다는 점에서, 이 책의 주된 관심과 비슷한 면이 있다는 것도 간과할 수 없었다.

매킨타이어는 그의 철학에서 서구의 자유주의 사상과 포스트 모던 사조를 동시에 비판한 것으로 유명하다. 모든 지적인 작업은 구체적인 전통 속에서 정당성을 찾을 수 있기에, 역사적 배경이나 인간의 본성과 무관하고, 독립적인 합리성의 가능성을 제시한 계몽주의는 불가능한 것이었다. 현대의 철학이 혼란과 분열 가운데 존재하는 이유는 계몽주의적 근대성의 영향이 그만큼 컸기 때문이다. 여기서 그의 구체적인 관심은 파산 상태에 처한 도덕철학에 있었다. 그는 도덕이 관점 차이의 문제로까지 전락하였으나, 그 차이조차 좁히려는 의지가 없는 철학계의 성향을 비판했다. 특히 대학 내에서 다원주의는 문제를 회피하기 위한 상징적 도구로 쓰이고 있고, 불가능한 객관성을 주장하면서 믿음을 학문의 자리에서 지속적으로 몰아내는 상황이었다. 그는 대학이 적극적으로 현대 사회의 윤리와 철학의 문제들을 과거와 현재의 대화를 통해 중재하고 해결을 모색할 사명이 있다고 여긴다. 그리고 아리스토텔레스의 목적지향적인 인간 이해가 현대에 가능하다고 주장하고, 그에 의거한 실천적인 이성을 재구성할 수 있다고 주장을 펼쳐왔다. 실제로 공동체의 선을 추구했던 텔로스(Telos)라는 중세 서구 사상의 핵심적인 개념은 근대에 와서 인간의 자유란 개념으로 대체되었다. 그러나 자유라는 형식적인 개념으로 자유민주주의 혹은 민족국가를 영위해나갈 인간의 모습을 담아낼 수 없었다. 이 자유는 교조주의적인 이데올로기로 쉽게 변했고, 그에 의거한 윤리는 선택의 윤리가 되었다. 니체가 말한 권력 의지가 숭배되는 현실은 그 결과 중 하나라 할 수 있다. 매킨타이어는 실천적 이성의 재구성을 벌튜(Virtue, 덕)란 개념을 이 시대에 되살리는 작업으로 이루어내고자 했다. 철학적으로 정당화될 수 있는 벌튜의 윤리를 현대의 일상적인 삶과 문화 속에서 회복시키는 게 가능하고 필요하다고 믿었다. 대학이 이런 회복에 주체적으로 참여할 수 있다는 그의 생각은 어렵지 않게 이해할 수 있다.

서구 계몽주의 철학의 영향을 받은 교육관은 학생들이 자율을 지향하는 인간임을 전제하고, 합리적인 판단을 할 수 있기에 선택의 권리를 갖는다는 생각이다. 이 선택의 권리는 자유를 누리는 인간에게 본질적인 것이란 인식이 확산되고 있다. 매킨타이어는 윤리가 선택의 문제라는 근대적 윤리관이 잘못된 것이라고 본다. 개인이라는 단위가 인간의 본질을 이해하는 데 가장 궁극적인 것이라고 이미 전제하고 있기 때문에, 자유로운 개인의 선택은 윤리적 우선권을 갖게 된다는 것이 근대적 윤리관의 골자다. 그러나 윤리는 공동체의 전통과 분리될 수 없으며, 어떻게 그 공동체를 유지해나갈 인간을 키워내는가 하는 것이 교육의 문제이다. 여기서 매킨타이어가 지속적으로 제안해온 것이 윤리적인 '덕'의 현대적 재발견이다. 그에게 교육의 목적은 보편적인 인간의 형성이 아니라, 구체적인 공동체의 역사 속에서 형성된 인간상과 세계관을 추구하게 하는 것이다. 더군다나 공동체적인 배움이 뒷받침하지 않는 선택은 왜곡된 선택일 수밖에 없다. 선택의 논리로는 이 시대의 모순에 대해 날카로운 비판을 할 수 없다. 소비하는 인간과 그 인간의 선택할 권리는 자본주의가 지향하는 인간론의 기초가 되어 다양한 방식으로 이 시대에 선언되고 설파되고 있다.

매킨타이어는 근대 이전의 대학이 당시의 역사적 한계에도 불구하고 보유하고 있었던 것은, 무엇이 합리적이고 정당한 것인가에 대한 기준이었다고 말한다. 그 기준은 신학만이 아니라 법학과 수학의 교수들도 공유했던 세계관과 학문론에서 출발한 합의에 따른 것이었다. 물론 그 합의에 맞지 않는 견해를 배척하는 분위기가 지배적이었지만, 그런 합의가 불가능하다고 보는 시각이 갖는 결과는 서구 근대의 사상사에서 보는 것처럼 매우 불행한 것이다. 매킨타이어가 상당한 노력을 기울여 밝혀내고 대안을 마련하려고 했던 것이 바로 이 기준이었다. 그 문제가 대학의 배움과 제도에서 명확하게 드러난다는 점은 매킨타이어가 오래전부터 언급해오던 것이다. 신학적 사고가 부정되고, 믿음이 지식의 조건에서 제외되며, 도덕철학이 분열된 과거의 흔적으로만 남아 있는 현대의 대학은 통합적인 비전을 잃었고, 세상과 인간에 대한 인식의 차이를 합리적인 성찰과 탐구로 해결해볼 의지도 남아 있지 않다.

대학의 교육은 세분화되고 전문화된 연구로 자본주의 사회에 필요한 인적 자원을 개발하는 데 집중하게 되었다. 학부 교육은 전문화된 대학원 과정의 준비나 취업 준비 과정으로 전락했다. 학부의 커리큘럼은 갈수록 의도적인 통합성이 사라지고 있다. 대학들 사이의 경쟁은 갈수록 더 돈의 경쟁이 되어가고 있고, 모든 경쟁이 그렇듯이 몇몇 대학의 독점으로 이어졌다. 물론 기업의 자본이 그 독점의 바탕이 되는 경우도 있다. 대학들은 기업의 지원만 받은 것이 아니라, 대학의 이념까지도 기업의 정신으로 대체하고 여느 기업만큼이나 소유와 성장에 집착하는 모습을 볼 수 있다. 대학의 랭킹을 올리는 데 몰두하고 성과를 관리하는 데 집중할 뿐, 세계관에 입각한 대학의 철학이나 전통에 의거한 대학의 사명은 관심 밖의 일이 되었다. 하지만 대학의 이런 모습이 자본주의 교육관이라고 할 만한 기업주의를 받쳐주는 역할을 하기 때문에, 나름의 세계관이 없다고는 할 수 없겠다. 리서치 대학은 엄청난 양의 연구를 해 많은 가시적인 결과를 냈다. 그러나 그 연구는 주로 연구자 개인의 관심에서 시작하지 않고 연구비를 지원해주는 집단의 상업적이고 정치적인 고려에 따라 출발한다. 여기서 대학의 정체성이나 본질이나 사명에 대한 질문이나, 학생을 어떤 자질과 덕망을 지닌 사람으로 형성할 것인가 하는 질문은 개인적 관심일 수는 있어도, 더 이상 현대 리서치 대학의 관심은 아니다.

대학은 지식의 백화점과 같이 모든 지식의 집합소 역할을 한다. 진리를 추구하려는 일관된 목적의식도 없고 세분화된 지식의 분과들은 서로를 이해해야 할 필요도 느끼지 못한다. 각기 다른 합리성의 원칙과 진리의 조건들을 추구하고 있을 뿐이다. 매킨타이어는 특히 가톨릭 전통의 대학들에 각성을 촉구한다. 그는 모든 진리가 하나님 안에서 하나라는 오래된 교회의 믿음은, 오늘날 진리를 추구하는 모든 학문이 대학이라는 공동체 안에서 인간과 세상을 향한 공통된 목적의식과 통합성을 지닐 수 있다는 비전이 되어야 한다고 본다. 지식의 발견은 그 내용이 좀 더 큰 맥락에서 철학적 이해로까지 전개되기 전에는 그 중요성이나 의미를 제대로 파악할 수 없다. 신학과 철학을 빼고 대학의 과거를 설명할 수 없을 뿐만 아니라, 인간의 본성에 대한 전체적인 이해는 철학 내에서도 신학적 이해를 필요로 한다. 서구의 철학이 신학의 문화 속에서 발전해왔다는 사실은 아무도 부정하지 못한다. 의도적으로 신학적 주장에 반대하며 전개된 20세기의 분석철학도 신학 담론의 그늘에서 벗어날 수는 없었다. 실제로 20세기의 신론과 무신론의 차이는 신의 존재 여부에만 있지 않다. 인간과 세상에 대한 시각과 의미와 가치에 대한 기본적인 입장에서도 그 차이를 느낄 수 있다. 그러나 현대 리서치 대학에서 신학은 사라졌고, 철학은 변두리 학문으로 전락했다. 어떤 삶이 인간에게 적합한 것인지는 더 이상 대학의 문제가 아니다. 매킨타이어는 대학이 신학의 의미를 깨우칠 필요가 있음을 주장한다.

매킨타이어가 걱정하는 대학 교육의 현실은, 인문학을 공부하는 모든 사람이 지적해야 할 문제이다. 대학 교육이 전공과 전문직을 위한 교육 위주로 변하여, 폭넓게 지식의 전반을 바라볼 능력이 있는 사람을 만들지 못한다. 교육이 한 분야에만 치중하다보니 편향적이고, 그 자체의 한계를 깨닫지 못하는 교육이 된다. 미국의 많은 대학이 졸업 조건으로 몇 분야에서 선택된 교양과목을 이수하도록 요구하는 것은 사실이지만, 현대 대학의 체제에서 그런 과목들에 임하는 학생이나 교수에게 학문의 통합성이나 진리 추구의 양식을 배우는 자세를 기대하기란 힘들다. 매킨타이어는 4년을 공부하면서 학부 수준에서 요구할 수 있는 전공 지식과 통합성을 추구하는 교양교육을 충분히 할 수 있다고 믿는다. 문제는 대학이 학문에 대한 비전으로 그 내용을 구상하고 구성원 전체를 설득할 의지가 없다는 것이다. 매킨타이어는 대학의 미래에 대해 낙관적이진 않지만 희망을 갖고 비전을 제시해야 한다고 생각한다. 비전도 지니지 못하는 대학은 현재의 상황을 숙명으로 받아들일 수밖에 없기 때문이다.

매킨타이어는 학문의 통합성을 추구했던 대학의 예는 중세의 대학에서만 찾을 수 있는 게 아니라 주장한다. 구 소련의 마르크스주의적 대학을 예로 든다. 이 대학은 무신론을 표방했지만, 그것은 단순히 신의 존재를 인정하지 않는다는 부정적인 면만 있는 것은 아니었다. 철학, 경제학, 물리학 같은 다양한 학문들을 가르칠 때, 유물론을 기초로 자연을 이해하면서 학문의 상호 연관성과 현실 적용을 잊지 않았다는 것이다. 여기서 중요한 것은 유물론을 바탕으로 학문의 연계를 추구하는 작업이 옳은지 아닌지를 판단하는 게 아니다. 유물론이라는 철학으로 학문의 통합을 추구했다는 것이고, 그런 학문의 연계성과 통합적인 가치의 추구가 현대 대학의 관심 영역에서 사라졌다는 것이다. 또 매킨타이어는 신이 사라진 현대 미국 대학의 커리큘럼을 실질적으로 무신론이 지배하고 있다고 판단한다.

매킨타이어는 앞에서 다룬 알렌 블룸과 현대 대학의 비판이라는 큰 틀에서는 함께하지만, 문제의 해결 방식에서는 큰 차이를 보인다. 큰 틀에서 블룸은 플라톤의 지혜로 돌아가자고 제안했고, 매킨타이어는 아리스토텔레스의 덕목의 가치를 주장했다. 블룸은 닫힌 미국 대학의 정신을 서구의 철학, 신학, 문학의 고전 중심의 교육으로 열고자 했다. 그는 고전이 열어줄 깊이 있는 사유와 깨우침의 가능성을 믿었고, 그 과정을 이끌어줄 스승의 중요함을 주장했다. 그러나 그 제안을 전체적으로 보면 개인주의적 시각에 의거한 것임을 알 수 있다. 내가 대학에서 고전을 만나고, 고전을 통해 인류의 근본적인 질문들과 씨름하고, 그로 얻은 지혜로 내 삶의 방향을 정한다는 고귀한 생각은 결국 자유주의적인 보수성을 내포하고 있다. 그에 반해 매킨타이어는 자유주의적 개인주의가 문제의 일부라 생각한다. 매킨타이어도 블룸처럼 상대주의가 문제의 일부이지 해결책이 아니라고 생각하지만, 보수주의에 빠질 수 있는 고전교육은 부정할 것이다. 왜냐하면 공동체의 전통과 그 공동체가 지향하는 비전에 의거하지 않은 지혜와 지식은 인간을 형성하는 데 부족하기 때문이다. 그러나 현대 사회에서 한 가지 전통만을 모든 대학에 맞는 것으로 고집할 수 없다. 여기서 매킨타이어의 뛰어난 제안인 '라이벌 대학'이란 개념이 나온다.

이 개념은 대학들이 각자가 속해 있는 전통과 이념이 담고 있는 최고의 가치와 비전으로 대학의 커리큘럼을 재구성하고, 그 노력으로 합리적 정당화의 기준을 도출해내어 라이벌 의식을 갖고 논의하고 대화하자는 것이다. 채플 출석을 요구하고 신학 과목 한두 강좌를 필수화한다고 기독교 대학이 되는 것이 아니라는 말은 바로 그런 뜻에서 이해할 수 있다. 성균관의 유가적 전통과 이념, 불교와 기독교의 세계관 그리고 국립대학의 실용적 가치관이 대학들의 실제적이고 통합적인 비전으로 자리 잡을 수 있다고 생각하는 사람을 찾기란 쉽지 않을 것이다. 만약 그런 가능성이 있다면, 어느 대학을 선택한다는 것은 철학과 삶의 양식과 가치관의 선택이 될 것이다. 대학들 사이에 의미 있는 라이벌 의식이 생기고, 돈과 통계와 취직의 경쟁을 지양할 수 있을 것이다. 그러나 이념적 전통도 없고, 동양 고전의 비전을 추구하는 전통도 사라지고, 개신교 교단주의의 신앙적 열정을 전통으로 살린 대학이 없는 상황에서 대학의 몰락이라는 화두는 현실로 계속 유지될 것이다.

실제로 현대 대학의 학문은 분야가 다르면 동질성이 거의 없다. 대학이 전통의 수혜자이고, 그 전통의 이상을 전수하고 또 그 이상으로 학문 간의 연결점을 찾는다는 고전적인 인식은 사라졌다. 대학의 가치는 대학의 이름 즉 브랜드 가치가 되어버린 상황이다. 현대 대학은 인간을 형성(Formation)하는 것보다 정보(Information) 차원의 지식을 주입하는 데 몰두한다. 정보화된 지식은 권력과 이데올로기에 의해 왜곡되기 쉽다. 사실적인 것을 더 큰 맥락에서 이해하려면, 그 사회, 공동체 혹은 문화권의 이상이 담긴 전통을 습득해야 한다. 이것은 매킨타이어가 그의 사상 전체를 통해서 주장한 것이다. 그렇다면 바른 교육은 전통과의 대화 속에서만 이루어질 수 있다. 매킨타이어는 서구 역사에서 사실(Fact)이라는 개념도 17세기의 발견이었다는 것에 주목한다. 인간의 믿음과 인식과 지각의 주관적 한계를 넘어 객관성을 담아낼 '사실' 이라는 것을 그 이전 사람들은 신뢰하지 않았다는 것이다. 사실에 의거한 진리만 주장하던 근대의 학문이 양보하여 수용한 개념이 '가치' 이다. 가치는 개인의 선택과 선호를 바탕으로 하며 '사실' 과는 상반된 개념이다. 가치는 태생적으로 다양성을 추구할 수밖에 없고, 따라서 흔히 듣는 '가치의 다양성' 이란 말은 동의어를 반복하는 것으로까지 볼 수 있다. 문제는 자신이 속해 있는 전통과의 깊이 있는 대화에서 형성되지 않은 다양성의 가치는 뿌리가 얕을 수밖에 없다는 것이다. 과거와의 단절만이 이 시대의 다양한 가치의 수용을 가능케 한다는 시각이 생길 수 있고, 인간의 경험에 대한 성찰이 아닌 논리의 우선성만을 고집하게 된다. 현대 서구의 대학이 세속화된 지식만을 정당한 것이라고 인정하는 것과, 이 시대의 권력 체제의 하부구조로 전락한 것이 전혀 무관하다고 할 수 없다.

제4장

학문론

공부란 무엇인가

공부를 하는 사람 즉 학자를 일컫는 스콜라(Scholar)라는 표현은 말 그대로 책을 벗 삼아 배우는 사람이다. 책이 중심이 된 공부를 시작한 중세 대학의 학문이 Scholastic 철학으로 불렸다는 것도 우연이 아니다. '스콜라'는 또한 학문과 배움의 공동체에 속해 있는 사람이다. 스콜라 철학은 책의 발견으로 시작했다. 아리스토텔레스의 책들이 발견되고 라틴어로 번역되면서 일으킨 학문의 혁명이 중세 대학과 스콜라 철학의 시작이었다. 그에 대한 루터의 반발은 스콜라 학문의 책에 대한 집착을 비판한 것이었다. 즉 잘못된 책에 집중하고 있다는 것이다. 스콜라 철학은 신학을 돕자는 것이었으나, 아리스토텔레스 철학의 신학적 적용은 한계가 분명했기 때문에, 하나님의 말씀이 담긴 책, 성스러운 책(Bible)으로 초점을 바꾸어야 한다는 것이었다. 기독교인들이 형식에 매여 있는 신학이나 철학의 공부에서 벗어나 인간의 내면을 자유롭게 만들어줄 경전 공부를 직접 해야 한다는 루터의 주장은 큰 반향을 일으켰다. 바로 이런 공부를 통해 모든 사람이 성직자가 되어야 했다. 주로 성직자만이 공부했던 시대에, 모든 사람에게 공부를 하라는 것은 그들이 모두 성직자라는 것을 의미한다. 이것은 만인사제설을 다르게 이해한 것이기도 하다.

그러나 Scholar의 희랍어의 어원인 Skhole는 안식과 여가란 의미를 지녔었다. 이 의미는 아리스토텔레스의 철학에서 가장 잘 드러난다. 이는 묵상과 성찰의 시간을 갖기 위한 조용한 여유를 말한다. 당시 조용한 학문의 여가는 귀족 계층밖에 누릴 수 없었다. 라틴어 Schola가 변해서 된 School 즉 학교는 서구 사회에서 19세기까지만 해도 아무나 갈 수 있는 곳이 아니었다. 루터가 16세기에 아이들을 위한 의무 교육을 제안했을 때, 그 교육은 교회에서 제공하는 것으로 종교를 가르치는 것 이외에는 상상도 하지 못했을 것이다. 19세기 이후 공립학교가 보편적인 제도가 되었지만, School 이란 제도는 교회의 종교성을 그대로 이어받았다. 종교의 인간에서 국가의 인간으로의 전환은 구원을 계몽으로 그리고 예식을 규율로 바꾸면서 실현되었다. 현재의 School은 공부하는 공간이면서도 국가를 섬기는 일꾼을 만드는 강제적인 제도가 되었다.

공부 자체를 지칭하는 영어 표현으로 Study가 있다. 라틴어에 뿌리가 있고, 중세 대학의 역사 속에서 자리 잡게 된 말이다. 책이 있는 곳을 Study라 하듯이, 공부는 책과 연관이 있다. 묵상과 육체적 훈련이 함께했던 그 이전의 공부에 비해, 중세 때 보편화된 공부가 책과 연관이 있었다는 것은 대학의 특성상 당연한 것이다. 그러나 책을 접하고 마음을 닦는 공부는 중세 이전에 이미 전통으로 자리 잡은 것이었다. 유대교의 탈무드 전통이 그것이다.

예루살렘의 성전이 파괴되고 바빌론에서 포로 생활을 하면서 성전에서 해야 할 여호와에 대한 제사를 더 이상 드리지 못하는 상황에서, 신의 말씀을 중심으로 한 배움의 개념이 등장했다. 그 말씀 배움을 담당했던 이들이 랍비 즉 선생이었다. 포로 생활이 끝난 이후 예루살렘에 성전을 다시 건축했으나, 로마 제국에 의해 성전이 또다시 파괴되고 유대인들은 흩어진다. 이렇게 서구 문화의 이방인으로 고난의 긴 세월을 보내는 동안 탈무드 공부는 유대인들의 정체성을 지켜주는 역할을 했다. '탈무드'라는 말 자체가 배움을 뜻했고, '탈미드'라는 배우는 사람을 지칭하는 단어와 연관이 있었다. 정신의 고향인 예루살렘에서 쫓겨나 고난의 역사를 살면서도, 스승과 제자가 둘러앉아 하나님의 말씀을 묻고 배우며 묵상하는 전형적인 탈무드 공부의 모습은 유대 민족의 정서적 바탕을 이루고 있으며, 배움의 참 의미를 보여준다. 즉 배움을 통해 고난의 의미를 찾고, 그 의미를 추구하면서, 고난을 극복하려는 모습은 초월을 향한 배움의 본질적인 면이다. 제사가 사라진 상황에서 성찰과 묵상의 도구로 등장한 또 하나의 장치는 기도였다. 신에게 복을 기원했던 제사의 기능과 달리 기도는 무엇을 바라고 요구하는 행위가 아니라 자신을 비우고 영혼을 승화시키는 행위였다. 기도는 유대인 교육의 한 축이 되었다.

레비나스의 도움을 받아 유대교의 배움의 일면을 살펴보자. 유대인들에게 여호와는 세상으로부터 얼굴을 감추었다. 불의한 세상에서 의인이 겪는 고난은, 하나님이 그 가운데 함께하신다는 종교적 감성으로 설명할 수는 없었다. 신이 없고 인간이 선과 악의 기준이 되는 세상은 무신론이 승리하는 곳이다. 그런 세상에서 살면서도 신을 믿을 수 있는 것은, 성육신에 대한 믿음 때문이 아니라 성숙한 인간에게 주어진 신의 말씀이 있기 때문이다. 그 말씀은 세상의 지배 논리에 신의 뜻이 있지 않고, 의인의 고난은 승리함 없이 의롭다 인정받는다는 윤리적 가르침이었다. 고난과 역경 속에서만 깨달을 수 있는 이 가르침에 대한 묵상은 높은 차원의 사고와 생각을 낳는다. 탈무드 공부는 이 진리가 가르침과 배움을 통해서만 얻을 수 있음을 보여준다.

유대인들의 공부에서 빠질 수 없는 부분이 메시아의 등장을 기다리는 종말적인 사고였다. 여기서 고난의 삶, 고난과 세상의 끝을 예고하는 메시아의 등장, 그리고 그 의미를 깨닫게 하는 공부 사이에 연관성이 있음을 알 수 있다. 그것은 배운다는 것은 세상의 끝을 준비하는 종말적인 차원이 있다는 것이다. 고난은 개인의 종말을 낳고, 고난이 낳는 공부는 그 종말을 생각하는 것이다. 메시아는 세상을 종말에서 구하려고 재림하는 것이 아니라, 종말을 통해 구원하려고 이 땅에 온다. 몸과 마음을 닦는 공부는 새롭게 다가올 종말적 미래를 준비하는 과정이기도 하다. 그 공부는 종말 현상에 참여하는 종교적 행위라고도 할 수 있다.

공부와 종말의 관계는 서구 철학의 전통에서도 볼 수 있다. 책을 읽으며 공부하는 시대가 아니었던 고대 그리스 사회에서, 묻고 배우는 삶을 선택하고 실천하는 길이 철학을 하는 것이었다. 그 원형이었던 소크라테스는 철학을 죽음을 준비하는 학문이라고 했다. 그에게 철학은 사는 법을 배우는 공부였다. 사는 것을 배우는 길은 죽음을 준비하는 것이기에 철학은 죽음을 준비하는 학문이었고, 죽음으로 완성되는 공부였다. 죽음이 무아의 경지에서 꿈도 꾸지 않고 영원한 잠을 자는 것이라 해도 복이라 할 수 있고, 영혼이 다른 곳으로 이전되는 과정이라 해도 복된 것이다. 철학 공부는 이 사실을 깨닫게 해준다. 스토아 학파의 사람들은 철학을 했기 때문에 죽음이 두렵지 않다는 자랑스러운 주장으로 유명하다.

비슷한 예를 고대 이후 스콜라 학문이 등장하기까지 가장 큰 영향력을 발휘했던 보에티우스(Boethius, 480~525)를 통해서 볼 수 있다. 그는 서구 고대를 마감하는 시대 반역의 죄로 감옥에 앉아 죽음을 기다리면서 『철학의 위안』(*Consolation of Philosophy*)이란 책을 썼다. 감옥에서 철학의 화신과 대화를 나눴다. 그 대화는 단순한 철학적 명상을 넘어 억울한 죽음을 거부하는 철학적 행위였다. 그 행위는 철학적 독백이 아니라 처절한 대화였다. 삶의 모순, 신이 다스리는 세상의 불의함, 더 나아가 곧 다가올 자신의 죽음까지도 철학을 통해 위안을 얻을 수 있다는 학문의 정신이 배어 있는 작품이다.

억울한 죽음을 기다리며 처절한 심정으로 철학과의 대화에 임한다는 것은 쉬운 일이 아니다. 보에티우스의 사색이 중세 학문에 큰 영향을 미친 이유는 그 내용만큼이나 죽음 앞에서 삶에 대해 묻는다는 철학의 기본자세를 실제로 보여주고 있기 때문이다. 죽음, 그것도 억울한 죽음을 감옥에서 기다리며 학문적 명상이 아니라 답변을 요구하는 대화를 철학과 한다는 것에서 서구 철학의 완성된 모습까지 볼 수 있다. 감옥은 이미 사회적 죽음을 의미한다. 여기서 철학의 위안이란 무엇일까? 행운은 우리에게 잠시 주어진 만족스러운 상태이고, 불행은 그 짧은 시간이 끝나는 것이다. 인간은 그것을 알기 때문에, 아무리 남이 보기에 풍족한 삶을 영위하고 살아도 내적인 불안과 걱정을 떨칠 수 없다. 인간은 행복을 추구하지만 결코 이 세상의 운세와 복으로는 채울 수 없다.

인간이 추구하는 '선' 도 세상의 재물과 명예로 이룰 수 없다. 그 이유는 재물은 그 자체로 가치가 있는 것이 아니라, 남에게 없는 것이 나에게 있을 때 가치가 있기 때문이다. 만약 그런 것에 행복을 느낀다면 인간답지 못한 것이다. 마찬가지로 명예도 누군가가 나에게 주어야 하는 것이기에 순수하게 나의 것이라 할 수 없다. 선을 이루려는 인간 본래의 모습에 적합한 참된 행복은 우리가 온전히 소유할 수 있는 것에서 온다. 그것은 아무도 빼앗을 수 없는 우리의 영혼과 지적인 배움뿐이다. 신은 인간에게 지성과 영혼을 주었기 때문에 물질과 같은 낮은 차원으로 우리의 영혼을 만족시킬 수 없다. 몸과 함께 사라질 물질로 행복을 느낀다면 인간의 본질에 미치지 못하는 삶을 사는 것이다. 더군다나 이 세상의 행운은 영혼을 속박하기 때문에 불행을 겪는 게 나쁘지만은 않다고 한다. 철학은 우연과 불행이 주는 충격과 상처를 견딜 준비를 하게 도와준다. 철학은 우리에게 보이지는 않을지라도 선의 승리와 악의 패배가 우주의 섭리에 예정되어 있다고 말한다. 이 모든 것은 죽음 앞에서 철학이 내어놓은 위안이었다. 철학이라는 학문을 배워서 얻는 위안이 아니라, 철학이 직접 이야기한다는 형태가 특이하다.

현대 사회는 공부보다 연구라는 용어를 학문의 기본으로 인식하고 있다. 이 '연구'란 과학적이고 객관적이고 상대적으로 모든 것을 보자는 전제하에 인간까지도 사물의 일부로 봐야 한다는 시각을 바탕으로 삼는다. 지식은 믿음에서 출발하고 믿음을 전제한다는 오랜 생각은 관찰에서 도출된 사실이 지식의 본질이라는 사고가 등장하면서 학문의 자리에서 사라졌다. 정보화된 지식의 입력에 가려 인격의 함양이나 영혼의 대화와 같은 고전적인 수사는 공부에서 사라졌지만, 이 시대에도 공부라는 용어는 종말적인 인식을 동반한다. 공부를 잘하지 못하면 도태되어 저급한 계층으로 전락한다는 위기감 속에 살고 있는 학생들은, 어쩌면 이 시대의 종말에 참여하고 있는지도 모른다.

대학과 감옥

대학은 그 역사의 시작에서부터 '신'과 '선'과 '덕'이라는 최고의 가치를 지향하는 엘리트 정신의 표상이었다. 반면에 감옥은 죄를 지어 그 벌로 사회에서 격리되어 고통을 받아야 할 사람들을 모아 둔 곳이다. 대학은 사회 상류층의 전유물이었지만, 감옥은 주로 하류층의 공간이었다. 아무런 관계가 없어 보이지만 감옥의 목적이 격리만이 아니라, 교화와 재활도 포함한다는 데까지 생각을 넓히면 닮은 꼴이라는 걸 알 수 있을 것이다. 대학과 감옥이 모두 체제에 순응하고 사회 적응력을 키우는 교화적인 목적을 갖고 있다는 사실을 부정할 수 없다. 그 목적을 세속과 격리된 공간에서 잘 이룰 수 있다는 생각도 대학과 감옥의 역사가 공통으로 지니고 있다. 대학은 세상과의 긴장관계 속에서 발전해왔고, 세속과의 물리적이고 정신적인 거리를 두어야만 학문을 제대로 할 수 있다는 생각을 그 역사에서 쉽게 접할 수 있다. 아직도 미국의 많은 대학에서 의무적으로 요구하는 기숙사 생활은, 통제된 환경에서의 규칙적인 생활이 진지한 배움의 자세와 공동체 생활력을 키우는 데 도움이 된다는 인식을 대변한다. 실제로 본회퍼, 그람시, 보에티우스와 같이 감옥 생활을 통해 학문의 전기를 마련한 사람은 무수히 많고, 더 나아가 감옥에서 참된 대학을 경험했다고 하는 신영복과 같은 사람도 있다. 함석헌의 사례를 통해서 그 관계를 살펴보자.

함석헌은 '한 배움' 이란 글에서 학문에 대한 깊은 애정으로 자신이 유니벌시티(University)를 다니지 못한 것을 한탄하고, 실제 대학과 감옥이라는 '인생대학' 을 대비시켜 대학의 현실을 신랄하게 비판했다. 1959년에 쓰인 그 글은 대학의 문제와 배움을 구현하는 제도의 한계를 특유의 구어체로 풀어낸 탁월한 내용을 담고 있다. 그중 몇 가지를 살펴보자. 먼저 시장이 되어버린 대학을 두고, '대학이 어디 있는냐?' 질문하면서 욕심 없는 참된 공부를 하기에는 나이가 들어 하는 게 좋겠다는 소회를 말한다. 함석헌은 자신이 다닌 사범학교에 대해 신학교와 함께 생명을 죽이는 직업인을 양성하는 곳이라고 비판한다. 자신의 반복된 감옥 생활을 인생대학을 다닌 것으로 비유한다. 생각이 있는 사람들은 대학의 지식이 늘어갈수록 사람의 참 '바탈' 은 사라지고, 감옥에서의 궁핍함 속에서 깊어가는 내면이 있음을 알게 된다고 한다. 감옥의 부끄러움을 가리는 게 문명이고 도덕이지만, 감옥은 또 인류 문명에 고하는 경고라 여긴다. 감옥은 생각이 있는 곳이고, 인간의 부끄러움이기 때문에 대학이라 할 수 있는데, 정작 대학은 생각과 부끄러움은 없고 자랑만 있는 곳이라 한다. 그가 인생의 대학에 입학한 것은 감옥생활을 본격적으로 하게 된 나중의 일이었지만, 대학을 처음 맛본 것은 동경 대지진과 조선인 학살의 혼란 속에 하루 저녁 갇혔던 유치장에서라 한다. 타오르는 불길 속에서 나라도 민족도 문명도 도덕도 다 껍질이라 깨닫게 되고, 칼과 창을 든 군중이 '이게 진짜다!' 외치며 조선인들을 쫓아다니는 걸 보면서 함석헌은 라캉을 무색케 만드는 인간 심리의 본질을 깨우치게 된 것이다.

함석헌에게 대학은 University였고 또 大學이었다. 스승 유영모에게 배운 동양의 고전『대학(大學)』을 통해 대학의 본질을 이해했고, 서양의 대학 발전사에서 드러난 대학의 의미를 통해 현대 대학의 부족함을 나무랐다. University가 '大學'으로 번역되는 과정은 표면상의 연결에도 불구하고 사상사나 문화사의 입장에서 잘 이해되지 않고 있고, 또 두 개념을 뜻으로 이해하려는 노력도 흔치 않다. 함석헌은 스승 유영모가 大學을 '한 배움'으로 옮긴 데 주목하여 참으로 큰 것은 '하나'라 해석한다. 그리고 그 '하나'를 University의 'uni–'와 연결시킨다. 곧 우주의 통일과 보편성이 하나 됨을 말한다는 것이다. 물론 University의 원래 의미는 앞서 언급한 대로 우주의 통일성을 지칭하는 것은 아니었지만, 대학의 역사에서 그 뜻을 모든 보편적인 것의 통합적인 지식의 추구로 이해해온 것은 사실이다. 서구 대학에서 이 통합이 가능할 수 있는 조건은 전통적으로 하나님이라는 존재였고, 이 조건 아래 지식의 통합은 인간의 통합성을 말하는 것이었다. 동서양 모두에서 대학의 본뜻이 '바탈' 을 찾는 데 있다고 본 함석헌의 지적은 정확했다.

바로 이런 관점으로 함석헌은 대학의 현실적인 모습을 비판한다. 학문의 통합과 하나 됨을 지향하기보다 점점 세분화되어 자기 분야 밖은 문외한이 되는 경향을 지적한다. 또 특수한 분야의 지식은 있지만, 다양함을 아우르는 지혜를 키우는 교육이 없다는 그의 탄식은 최근의 대학 비판과 다르지 않다. 그는 서구주의가 막다른 골목에 들어섰음을 경고하고, 대학의 변화를 요구한다. 그 변화는 대학 교육의 목적을 달리하는 것이다. 밖이 아니고 안, 지식이 아니고 지혜, 물질의 지배보다는 참 정신을 추구하고 찾는 것을 말한다. 물질의 혜택을 벗어버리고, 정신 하나만이 남을 수 있는 감옥은 대학의 정신적 조건이었고, 함석헌 자신에게 실제로 큰 배움의 깨우침을 준 제도였다.

감옥 생활을 통해 참다운 대학을 경험했다는 고백은 분명히 이상적인 대학론에 바탕을 둔 것이다. 대학을 현실과 사색이 공존하는 공간으로, 대학의 사명을 학생의 가치관과 세계관의 지평을 넓히는 계기가 되는 교육으로 인식하는 경우는 많지만, 학문의 자유를 가장 큰 가치로 삼는 대학의 참된 모습을 신체적 자유가 구속된, 엄청난 통제와 억압적인 환경에서 발견할 수 있다는 주장은 역설적인 면이 있다. 그러나 그 자유는 스스로 외롭고 고단한 길을 걷는 자유이고, 실제로 그런 환경이 학문에 매진할 수 있는 조건이라는 생각은 흔하게 접할 수 있다.

삶 자체를 감옥과 비교한 예도 많다. 플라톤은 이 세상에서의 일상적인 삶을 감옥에 비유했다. 바깥세상과 단절된 동굴 속에서 그림자만 보고 살아온 사람들은 그림자를 실체라 여기고 그 밖의 모습에 관심을 갖지 않는다는 말이다. 자신의 경험과 감각만을 의지하는 사람은 몸이라는 감옥에 갇혀 있는 것이다. 그 감옥에서 빠져나오는 길이 철학의 길이고 세상의 본질을 추구하는 길이라는 것이다. 영적인 존재인 인간이 몸이라는 감옥에 갇혀 살고 있다는 인식은 영지주의와 같은 고대 철학에서 흔히 볼 수 있다. 감옥과 구속의 상상력은 오랜 전통과 역사가 있다. 감옥은 몸이나 연옥으로 이해되기도 했다. 이렇듯 감옥이 다양한 상상력을 제공해준 것만은 분명하다.

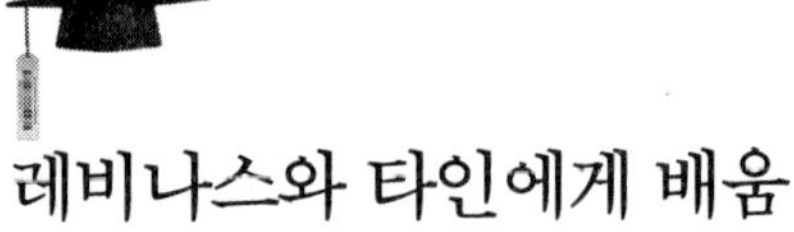

레비나스와 타인에게 배움

학문과 교육에 대한 레비나스의 생각이 이 책에서 의미가 있을 것이라 보는 이유는, 그가 배움의 전통으로 억압의 역사를 견디고 생존해온 유대교의 사상을 배경으로 서구 철학의 흐름을 비판했기 때문이다. 유대인들이 서구 역사의 영원한 타인으로 핍박과 차별을 견디는 길은, 유대 언어에 대한 애착과 그들의 고전에 대한 끊임없는 묵상과 토론을 통해, 서구의 지배적인 사상의 모순을 지적하고 대안적인 인식을 키우는 것이었다. 레비나스는 바로 그 배움과 해석 전통의 영향 아래 20세기 서구 철학에 대해 가장 신랄한 비판과 더불어 윤리적 대안을 내놓았다. 레비나스가 서구 사상의 중심지에서 유대교 사상을 배우고, 그 감동으로 철학을 했던 이유는 억압적인 권력에 동화될 수 없다는 인식도 있었지만, 유대인으로서 종교적 정체성을 이어가야 한다는 명제가 무엇보다 중요했기 때문이다. 레비나스에게서 발견할 수 있는 학문과 배움의 자세를 통해 비판적 철학의 내용도 볼 수 있지만, 식민지 상황에서 학문하는 모습도 엿볼 수 있다.

레비나스는 유럽에서 유대인으로 남고 그 의미를 찾는 길은 유대교의 교육을 받는 길밖에는 없다고 생각했다. 그러나 그 교육은 전통적인 기독교 교육과 같이 교리를 외우는 방식을 쓸 수는 없었다. 역사와 문화가 기독교의 영향으로 형성된 상태에서, 기독교 교육은 사회에서 보고 익힌 것을 단순히 외우고 반복하는 것으로 족하다. 그러나 그 지배 문화에 속해 있지 않은 집단에게 직접적인 종교교육은 어려울 수밖에 없다. 유대인들에게 그들이 겪어온 식민지 상황에서 존재의 의미와 전통의 연속성을 지키는 길은 히브리 언어를 가르쳐 탈무드를 배우게 하는 것이었다. 탈무드 교육은 교리를 진리로 알고 반복해 외우게 하는 것이 아니라, 탈무드의 전통인 끝없는 토론과 논쟁의 해석학을 이어가게 만드는 게 목적이었다. 이 해석학의 다른 목적은 고난받는 유대인의 존재 의미를 매 시대마다 다시 찾아야 할 열린 질문으로 남겨놓는 것이었다.

레비나스는 타인과의 관계 속에서 윤리의 문제를 이해하고, 타인에 대한 책임 의식을 도덕적 인식으로 이해한 것으로 유명하다. 윤리를 나의 문제, 즉 나의 판단과 결정과 의지의 문제로 이해한 철학에 대한 비판이었다. 나에게 타인은 스승이라는 레비나스의 인식은 배움과 공부가 무엇인지 많은 생각을 하게 해준다. 그는 배움을 지식의 과정으로 이해하고, 진리를 사실에서부터 도출해낸다는 근대의 합의에 대해, 인간은 인식과 지식의 대상이 아니라고 주장한다. 오히려 지식의 대상은 죽은 것이고, 살아 있는 것은 지식으로 알 수 없다는 논리이다. 그렇다고 지식이 가치가 없다는 것은 아니다. 다만 교육은 지식과 아는 것으로만 구성되지 않는다는 것이다. 이를 통해 새삼 깨닫게 되는 것은 교육에서 윤리적 관계의 중요성이다.

현대 교육은 계몽주의 사상 아래 형성되었다. 개인의 자유와 비판적 이성 그리고 진보와 평등의 개념이 바로 여기서 출발했다. 교육은 그런 자유와 이성의 주체를 만드는 과정이었고, 자아 형성의 과정으로 이해되어왔다. 이 주체는 자율적이고 독립적인 개인을 전제하는 개인적 주체였다. 계몽의 시대라는 구체적인 역사와 현실 속에서 고안된 것이다. 칸트는 바로 그런 주체성의 형성을 인간의 본성을 완성시키는 것으로 이해했고, 또 이를 위해 교육이 필요하다고 보았다. 그 주체성은 이웃과의 관계와 조화 속에서 드러나는 자아도 아니고, 빈곤한 인간 앞에서 느끼는 부끄러운 책임감에서 출발하는 주체성도 아니다. 나의 존재와 나의 권리를 주장하는 주인의식이 중심이 된 주체성이다. 내 밖에 있는 모든 것들이 나에게 객관적 대상으로 존재할 때, 지식은 힘이 되고 권력이 된다. 근대적 사고의 가장 극단적인 표현은 그와 같은 사고를 등장시킨 데카르트에게서 볼 수 있다. 나를 생각하는 주체로 규정하고, 내 몸까지도 내 인식의 대상이 되어버린 철학이었다. 레비나스의 철학은 그 주체성에 대한 비판이다. 그는 타인에 대한 책임적 응답이 나의 주체성을 낳는다고 말한다. 자아의 성취란 타인의 시선을 극복하고 나를 주장하는 게 아니라, 인간의 윤리적 자아에 내재해 있는 책임적 연대성 속에서 일깨워지는 것이다. 주체성의 자아보다 타인에 대한 책임이 선행한다는 것이다. 레비나스의 그러한 책임 이해는 도덕적 자아에 대한 전통적인 이해에 도전한다. 타인에 대한 책임이 윤리 그 자체이고, 그 책임감이 인간을 만든다고 이해한 것이다. 그 인간은 자유나 주체성 이전의 존재이고, 그런 인간의 모습이 가능한 이유는 인간이 영적인 존재이기 때문이다.

레비나스의 타인 중심의 주체성은 이웃에 대한 나의 배려에서 출발하지 않는다. 배려는 내 존재의 자신감에서 나오는 심리이기 때문이다. 그 출발은 인간에 대한 경외심이다. 사람의 얼굴을 통해 하늘을 엿볼 수 있기 때문이다. 본질적인 삶의 조건이라 할 수 있는 생명에 대한 불안함과 영적인 굶주림과 삶을 영위하는 애처로움을 인간의 얼굴에서 지울 수 없다. 타인과의 올바른 관계는 그 얼굴에서 '나를 범하지 말라' 는 절규를 읽고, 그 절규를 하늘의 명령으로 받아들이는 데에서 시작한다. 개념화될 수 없고, 종속될 수 없는 인간의 모습을 발견하고, 그 앞에서 아무런 권리나 주권을 주장하거나 행사할 수 없는 나를 발견할 때 윤리는 시작한다. 그 명령을 가르침으로, 또 내 배움의 시작으로 여길 때, 레비나스 방식의 철학을 시작할 수 있다.

인간이란 무엇인가? 하는 질문에 대해 근대 서구 사상이 정의한 여러 답이 있다. 레비나스는 이들을 모두 부정한다. 그는 인간이 의식을 통해 인간이 되지 않는다고 말한다. 인간이 모든 의미 있는 것의 주체도 아니고, 생각하는 자아도 아니라 주장한다. 지식의 대상도 아니고 의지의 대상도 아니고, 논리와 과학과 객관성으로 담아낼 수도 없다고 한다. 인간은 다만 다른 사람들과의 관계에서 드러날 뿐이다. 인간에게 다가가는 길은 본질이나 본성의 추구로서가 아니다. 내가 인간으로 깨어나는 순간은 내 존재의 사실을 깨닫는 순간이 아니고, 타인과의 만남 속에서 내 존재의 권리가 추궁당하는 충격적인 깨달음의 순간이다. 이런 충격으로 자유로운 내 자아의 행진에 제동이 걸렸을 때, 인간으로 즉 윤리적 인간으로 태어나게 된다.

지식이 정보가 되어버린 시대에 배운다는 것은 나를 긍정하고 확인하고 더 확고하게 해주는 장치가 되었다. 나의 생각과 나의 의식이 세상의 중심이 되는 세계관은, 인간이 우주의 중심으로 떠오른 역사의 필연적인 결과일 것이다. 나 이외의 타인을 내 앞에 펼쳐진 세상의 일부로만 이해한 철학은 서구 근대 사회의 참혹한 억압과 폭력의 근거가 되었다. 나라는 인간이 나의 의식과 생각의 산물이 아니고, 세상과 타인과의 관계 안에서 만들어진다는 인식은 철학적으로는 오랜 시간이 걸려서 만들어진 것이다. 레비나스 이전에 이미 마틴 부버가 존재론의 중심을 나에서 '나와 너'의 관계로 옮겨놓았지만, 존재와 윤리의 무게중심을 타인으로 전환시켜 놓은 것은 당연히 레비나스의 업적이었다.

레비나스에게 학문과 배움이란 제도화된 교육 과정이 아니라, 문자 그대로 묻고 배우는 것을 말한다. 타인을 향한 열림으로 내 자신의 도리를 묻는 도덕적 삶이 학문적 삶이라 하겠다. 배움이란 객관적이고 규격화된 지식을 추구하기보다, 끝나지 않는 대화를 통해 진리에 안주하지 않고 염치없음을 두려워하는 삶을 사는 것, 바로 그것이다. 배움의 삶은 곧 윤리적 삶, 혹은 가장 인간적인 삶의 모습과 같은 것이라 하겠다.

진정한 배움은 타인에게서 온다는 레비나스의 주장은 배움의 근원을 윤리에서 찾는다. 레비나스에게 나의 생각으로 담아낼 수 없는 타인을 대한다는 것은, 그 안에서 영원을 엿보는 것이고, 가르침을 받는 것이다. 타인과의 관계는 윤리적인 것이고 타인과의 만남은 나에게 없는 것을 배우는 것이다. 타인은 언제나 나에게 가르침을 주는 사람 즉 선생인 것이다. 그는 산파식의 소크라테스가 내세운 배움의 방식을 거부한다. 내 안에 있는 것을 도출해내는 게 아니라, 내가 감히 접근할 수 없는 선생에게 가르침을 입는 과정이 타인과의 관계이다. 선생은 이방인으로서 학생에게 다가와 둘 사이의 공통된 내용이 아니라, 다름과 차이를 가르친다. 가르침은 충격과 배움을 동시에 이루어낸다. 그의 첫 번째 가르침은 내 존재의 권리의 정당성에 대한 질문을 통해 이루어지는, 타인을 해하지 말라는 명령이다. 이런 가르침은 권력과 지배의 의지를 앞세우는 교육이 아니다. 타인은 약함으로 나에게 다가오고, 나는 그 약함 속에서 윤리의 가르침과 나의 책임감을 깨닫게 된다. 타인의 부름에 대해 응답한다는 것은 내 자아의 외면을 깨트려 영원을 맞는 것이다.

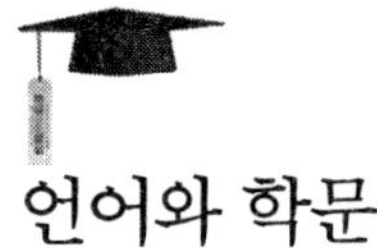

언어와 학문

이성의 매개체로서 말이 모든 인간적인 것의 중심에 있다는 것은 오래된 진리이다. 이성은 말로 표현될 뿐만 아니라, 말 그 자체의 본질을 나타내는 용어였다. 그 말의 문자적 표현인 글은 배움의 대상이었고, 또 글의 귀중함을 지키는 것은 학문의 역할이었다. 그러나 그 역할은 단 한 번에 끝날 수 없는 것이기에 학문의 역사는 반복과 축척의 역사이다. 계시 종교에서 말의 본질은 계시였고 믿음은 그 말을 들음에서 출발한다. 말이 존재를 지키는 것이 아니라, 인간이 말씀을 지키는 존재라고도 할 수 있다. 말은 고전이 되고 경전이 되어 모든 배움과 수양의 기초를 이룬다. 언어의 본질을 기도로 보고, 신의 계시로 이해하는 것은 신학적 인간론의 중요한 일부분이 되어야 한다. 세상이 말씀으로 이루어졌다는 신학적인 이해는, 그 본질이 세상의 본질이라는 뜻이기도 하다.

주체적이고 이성적인 인간론에서 언어로의 전환이라는 20세기 서구 사상의 큰 변화는 말을 이해의 중심으로 도입시키는 데에는 성공했지만, 인간의 윤리성과 책임성을 회피하려는 노력의 도구로 전락한 면이 있기 때문에, 말과 인간과 학문의 고전적인 차원을 회복하는 데에는 실패했다. 그 차원이란 말과 글, 그에 대한 공부로 인간의 이상을 투영해내고 그에 대한 윤리적 책임으로 인간의 존엄성을 지켜내는 것이다. 한글 속에서 하늘의 뜻을 찾으려 했던 다석 유영모나 히브리 언어에서 하늘의 언어를 보았던 탈무드의 정신에서, 그 차원의 극적인 모습을 볼 수 있다. 레비나스는 언어를 기호나 도구 이전에 타인을 향해 나를 일깨워주는 계시로 보았다. 타인의 얼굴이 담고 있는 것이 바로 말이다. 의미나 개념 이전에 그 말은 '나를 범하지 말라' 는 원초적 윤리 그 자체이다.

서구 중세에 라틴어가 맡았고 동양 문화권에서 한자가 맡았던 역할을 현대에는 미국의 영어가 떠맡고 있다. 강력한 영향력을 행사하는 제국의 언어라는 면에서 동일하게 이해할 수 있는 면이 있지만, 그 상황과 배경은 사뭇 다르다 하겠다. 이 시대에 말은 더 이상 시간을 이어주고, 가치를 대변하고, 이상을 지켜주는 역할을 하지 못한다. 대학의 본질은 고전을 통한 가치의 전달과 그 가치에 대한 성찰을 통해 현대적 의미를 추구하는 데 있다. 한국의 대학에서 영어로 하는 강좌를 많이 여는 것을 글로벌 시대에 적합하고,

그 대학의 경쟁력과 우수성을 나타내는 잣대로 이해하는 경향을 볼 수 있다. 외국어를 잘한다는 것은 어느 시대에서도 중요하고 권장할 일이지만, 국가와 대학이 손을 잡고 학문의 분야에 관계없이 영어를 사용하는 강좌를 종용하는 것은 많은 문제를 야기한다. 현대 한국 사회와 영어의 문제는 대학만의 문제는 물론 아니다. 실제로 정부와 언론과 기업에서 힘을 모아 막무가내식 영어 표현을 만들어내고 국민들을 혼란시키고 있다. 이 어처구니없는 현상을 혼란스럽게 느끼지 못하는 이유는, 이 모든 것이 글로벌 시대에 치러야 하는 고통으로, 또 국가적 경쟁력을 높이는 대가로 포장되기 때문이다.

대학에서의 영어 강좌를 생각할 때 제일 먼저 드는 생각은 과연 인문학의 공부가 제대로 될 수 있는가 하는 질문이다. 만약 공부의 목적이 세상에 대한 이해를 통한 자기 발견과 성찰 혹은 그에 준하는 교육 이념에 있다면, 외국어를 통해 이런 교육이 어렵겠다는 것은 누구나 알 수 있다. 대학의 인문학 교육이 전제하는 것 중에 하나는 공동체적인 인식이다. 역사와 문화 전통이 언어로 표현된 문화를 이해하고 또 그 문화의 흐름이 어떤 현대적 개념 속에서 변형되는지를 파악하는 것은 문법적 언어 지식만으로는 어렵다. 그 변화와 흐름의 역사가 만들어내는 이상적인 가치 속에서 한 인간의 인격을 돈독하게 만드는 일은 더더욱 힘든 문제이다. 외국에서 오래 유학 생활을 해도 쉽지 않은 것은 학문의 언어나 개념보다 개념의 뉘앙스가 섞인 역사가 만들어낸 문화이다.

이것은 모국어의 우수성을 강조하는 배타성이 아니라, 언어의 문화 속에서 형성되는 인간의 모습에 대한 기초적인 이해이다. 두 언어의 체계와 문화 속에서 인격적으로 형성되는 것은 충분히 가능하지만, 한 문화권에서 성장한 학생들을 인위적으로 그런 교육 환경에 몰입시키는 것은 깊이 있는 배움과 상상력과 창의력을 발휘하는 데 큰 장애를 줄 뿐이다. 이런 교육적 가치와는 거리가 있는 정책이 종용되는 이유는 이데올로기적이라고밖에 할 수 없다. 글로벌이란 개념에 대한 환상과 경쟁에 대한 신념이 만들어낸 자기학대적인 현상이라고 볼 수 있다. '글로벌' 에 대한 환상은 자본주의 세계화가 종교가 아니라면 믿기 어려우리만큼 확산되어 있기 때문이다. 그 환상을 현실감 있게 만들어주는 작용을 영어가 한다. 대중문화에서 대학 교육에까지 영어에 대한 거의 절대적 관용이 한국 사회를 지배하고 있다. 서구 근대의 제국주의는 언어에 대한 통제로 가능했다. 현대의 상황은 그 통제의 기능이 내면화되어, 자발적인 수용으로 나타나 자본의 글로벌 시대를 돕고 있는 것이다. 대학이 그 환상의 주역이 되는 상황은 대학 정신의 몰락이라고도 볼 수 있지만, 대학이라고 하는 현대 고등교육 기관들의 현실이라고 하겠다.

유럽의 역사에서 1492년은 세계를 지배할 근대 유럽의 등장을 알리는 특별한 해였다. 그해 첨단의 제국이었던 스페인은 내적인 타자였던 유대인들을 영토 밖으로 추방시켰고 이슬람 세력을 전쟁을 통해 쫓아냈다. 또한 콜럼버스를 통해 전혀 예상치 않았던, 그러나 유럽을 제국으로 만들어줄 타자 곧 신대륙의 원주민을 만났다. 잘 알려지지 않은 또 하나의 사건이 같은 해에 일어났다. 유럽 제국의 도래를 알리는 그 사건은, 스페인 언어의 첫 문법책의 출간이었다. 왜 그런 책이 필요한지 여왕이 물었을 때, 저자 네브리아는 '언어는 제국의 완벽한 도구' 라는 말을 했다(Elliott, p. 125). 내부의 타자를 제거하고 외부의 타자를 맞이하면서, 새로운 역사를 준비하고 안과 밖을 연결할 언어의 재정비였다고 할 수 있다. 스페인 내에서도 여러 지역의 방언을 통일할 규칙이 필요했고, 식민지의 통치를 위해서도 일관된 문법이 필요했다. 그 이전까지는 라틴어와의 연계선상에서 유럽의 지역 언어들의 문법을 이해했으나, 네브리아의 문법책을 통해 유럽 언어들은 내적인 원칙과 규율로 문법을 이해하는 시대, 곧 언어와 국가가 운명을 함께하는 공동체로 이해되는 시대가 온 것이다. 유럽의 지역 언어들이 라틴어와 같이 생명을 다한 퇴폐한 언어가 아니라 자연스러운 언어였고, 그 내적인 구조를 독립적으로 밝혀 국가의 정체성과 자존심을 세울 수 있다는 자신감이 담겨 있었다. 스페인어는 결국 제국의 언어가 되었고, 영국이 라이벌로 등장하기 전까지 세계의 많은 나라들이 그 언어의 제도권에 속한 식민지가 되었다. 제국의 언어는 식민지 토착 언어의 규범이 되어 의식의 식민화를 돕게 된다. 근대의 역사에서 언어와 제국과 민족의 연관성은 끊을 수 없는 것이다.

기독교의 관점에서 언어를 보면 어떠할까? 언어의 시작은 하나님의 말씀이다. 그 말씀은 세상을 가능케 한 말씀이다. 신학의 대상이 바로 그 말씀이다. 신학의 과제는 하나님의 말씀을 어떻게 인간의 언어로 말할 수 있는가에 있다. 인간의 언어로 하나님에게 다가갈 수 없다는 말이 아니라, 우리의 말은 애당초 하나님에 속해 있다는 말이다. 모든 말들은 하나님의 말씀에서 그 진리를 찾는다. 언어는 그 자체 내에 목적이 있는 게 아니라 언제나 그 밖에서 초월적인 근원을 찾는다. 하나님에게서 온 언어는 이웃을 통해서 본래의 의미를 찾는다. 하나님의 말씀이 이 세상을 가능케 하였듯이, 언어는 나와 내 이웃을 연결해주고 우리 사이의 공동의 세계를 가능하게 해준다. 하나님의 말씀은 문법과 분석 이전의 언어이고, 억압과 술수와 지배의 수단이 되기 이전의 언어이다. 대학에서 늘어나는 영어 강좌를 회의적으로 보는 이유는 그 현상이 '글로벌'이라고 부르는 시대에 억압과 지배의 수단으로 오용될 수 있기 때문이다. 경쟁력의 잣대가 아니라, 나와 내 이웃을 연결해주고, 내 이웃의 목소리를 들을 수 있게 하는 것이 하나님이 주신 언어의 참된 모습일 것이다. 이런 모습은 모든 언어가 추구하고 이루어내야 할 이 시대의 과제로 여겨진다.

제5장

대학에서 신학과 인문학

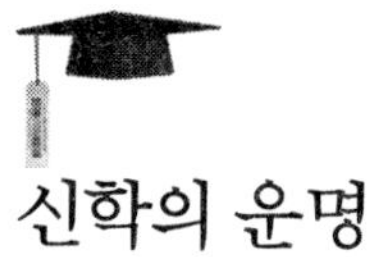

신학의 운명

신학이 서구 대학의 역사를 열었지만, 현재는 대학의 문제아로 남아 있다. 과학과 이성이 중심이 된 지식을 우선시하는 현대의 대학에서 신학이 어떤 모습으로 또 어떤 지식을 주장하면서 대학의 일부임을 주장해야 할 것인가? 아니면 세속화된 대학에 미련이 없음을 주장하며 교회와 신학교로 나와야 하는가? 실제로 대학의 신학은 양쪽의 공격을 모두 받고 있다. 역사학이나 해석학이 아니고 살아 있는 지식으로서의 신학이 대학의 학문 통합을 지향하는 주도적인 역할을 해야 한다고 믿는 사람들은, 신학이 그런 역할을 하지 못하기 때문에 그 나약함을 비판한다. 신학의 세계관이 더 이상 현대 학문에서 받아들일 수 없는 세계를 상정하기 때문에 대학 내에 존재할 수 없다고 보는 이들도 있다. 이런 논란은 대학의 문제이기 이전에 현대 신학의 정체성을 따지는 중요한 문제이다. 서구의 모든 학문은 신학이나 신학적 질문에서 출발했고 서구적인 사유 자체가 신학적 구조를 띠고 있다. 따라서 대학과 신학의 관계에 대해 질문하는 것은 대학의 본질에 대해 묻는 것과 마찬가지다.

그러나 이런 문제는 한국의 대학과 신학계에서는 거의 다뤄지지 않는다. 그 이유는 한국 대학의 독특한 역사와 관계가 있다. 한국의 대학은 신학으로 출발하지 않았다. 이미 분열되고 세속화 작업에 부분적으로나마 성공한 서구 학문이 분야별로 수입되었기 때문에, 신학적 사유를 기초로 하는 인문학이나 사회과학은 발전하지 못했다. 대학은 신학을 몰랐고, 교단의 신학교들은 신학의 학문성은 연구했어도 학문의 통합성 차원에서 대학과 신학의 관계를 고민하지 않았다. 한국 대학의 학문은 신학의 전통을 유산으로 물려받지도 않았고, 그렇다고 성균관의 교육 이념을 바탕으로 삼지도 않았다. 학부에서부터 신학을 가르치는 몇 개의 대학들이 대학 내에서 신학의 역할을 고민하지 않는 것은 오히려 당연하다고 하겠다.

서구의 학문은 신학의 영향권 아래서 시작했다. 물리학 같은 자연과학도 예외는 아니었다. 데카르트는 수학과 같이 확실한 결론을 도출해낼 수 있는 새로운 철학을 고안해 의심할 수 없는 신의 존재를 증명하고자 했다. 자연과학이 16~17세기 서양에서 발전하게 된 이유도 자연을 연구해 하나님의 창조 질서를 배우고 영광을 돌리자는 신학적 이유가 있었다. 이런 신학적 이유와 더불어 그렇게 할 수 있다는 자신감도 작용을 했다. 19세기에 의도적으로 반신학적인 사고가 등장하기 전까지, 서구의 거의 모든 학자들은 신학을 했다고 볼 수 있다. 계몽의 이성주의가 등장한 18세기의 학자들도 신학과 철학 사이의 긴장을 충분히 느꼈지만, 그것을 해결할 수 없다거나, 신의 문제나 신학의 주제를 큰 학문의 과제로 인식하지 않은 사람은 없었다. 19세기 중반 이후 니체, 다윈, 마르크스 같은 이들도 기독교 세계관에 큰 흠집을 내고 세속화의 바람을 몰고 온 주역으로 생각되지만, 그들의 사상이 신학의 그늘을 벗어날 수는 없었다. 신학에 대한 반발도 신학의 개념과 언어를 요구하기 때문이다. 니체는 신학의 세계가 해체되면서 남겨진 유물인, 허무주의가 팽배한 세상에서의 철학을 고민했다. 마르크스의 유물론은 기존의 신론으로는 세상을 변화시킬 수 없다는 자각에 기초한다. 그 유물론에 의거한 세상의 이해는 기독교 역사관의 결정주의적인 안목을 그대로 이어받았다. 예술사에서 정치이론, 문학까지 서구사의 모든 저작은 기독교 모티브와의 대화 속에서 쓰였다. 대표적인 19세기의 학문이라 할 수 있는 사회학도 마찬가지다. 베버의 대표작은 자본주의와 개신교 윤리를 대비시킨 작품이었고, 자살의 현상을 연구한 뒤르켕의 주요 저작도 그 현상의 주요 변수로 가톨릭 지역과 개신교 지역의 차이를 다루었다는 점에서, 기독교 세계관의 영향력을 느낄 수 있다. 현대의 인문학이나 사회과학의 역사도 신학에 대한 이해 없이 제대로 공부할 수 없다. 그 학문의 역사를 모르면서, 그 학문의 현재적 과제에만 집중한다면 절반의 연구밖에는 되지 못할 것이다.

그럼에도 신학을 근대 학문의 우연적인 요소로 평가하는 경향이 대학에 자리 잡게 되었다. 이 시각으로 보았을 때, 근대의 학자들이 신학적 내용을 다룬 이유는 그 시대 교권의 눈치를 보느라 그래야만 했다는 것이다. 그리고 거기에 담긴 신학적 내용은 사적인 신앙심의 표현이었기 때문에, 그들이 펼쳤던 철학의 본질을 파악하는 데 별 영향을 주지 못한다고 한다. 이런 시각이 있는 것은 분명하지만, 역사를 바로 읽은 것은 아니다. 그러나 분명한 것은 종교개혁 이후 종교를 개인의 경건성과 같은 사적인 영역으로 보고, 신학을 그 영역의 내면성을 전제한 상태에서 신학의 주제들을 추구하는 학문으로 보았다는 것이다. 공적인 영역은 당연히 국가의 담당이었다.

대학의 역사에서는 이 과정을 신학이 대학의 중심에서 밀려나 변두리의 생활을 하게 되는 여정으로 이해할 수 있다. 그 역사에 대한 설명은 흔히 신학적 사유가 과학의 정신이 지배해가는 근대의 대학과 그 시대의 사유에 역행한다는 점을 말한다. 종교개혁 이후 형성된 유럽의 정치 질서는 한 국가 안에 한 종교가 존재하는 것이었다. 예를 들어 영국의 옥스퍼드 대학이나 케임브리지 대학은 가톨릭 대학이었지만, 종교개혁 이후 가톨릭 학생에게는 입학이 거부되었다. 여기서 대학은 국립이었고, 대학 내의 신학은 그 국가의 정신적이고 종교적 상황을 대변했다. 그러나 개신교 내부에서도 다양한 신앙 이해가 대두되고, 종파적 분쟁이 일어나기 시작하고, 정치적이고 종교적인 이유로 인구의 이동도 있었다. 국가를 유지하는 축으로서 종교의 역할이 사라지면서, 신학의 영역이나 역할은 내면적인 것으로 간주되기 시작했다. 종교의 역할이 최소한으로 축소되면서, 국가의 존재를 정당화하는 역할을 대학이 맡게 되었다. 신학이 대학 내에서 존재할 당위성은 교회를 섬길 목회자를 양성하는 곳이 대학이라는 것뿐이었다. 같은 시기에 과학이 발전하며 교리적 신앙, 교리적 신학과 충돌하기 시작했고, 믿음의 사실성에 기초한 보수 신학은 새로운 학문과의 대화를 거부했다.

신학의 운명을 좀 더 살펴보자. 칸트는 신학적 사유의 근거를 부정하지 않았지만, 대학에서 신학이 필요한 이유를 신학이 섬김과 배움과 덕망의 학문이기 때문이 아니라, 국가의 통치에도 유용한 학문이기 때문이라는 주장을 펼친다. 슐라이어마허의 신학은 시대의 경향에 복음을 맞추는 식으로 전개되었다. 그는 신학도 국가를 유지하는 데 도움이 된다는 식의 변증론을 펼치면서 신학의 학문성을 옹호했고, 칸트의 주장을 이어갔다. 19세기에 들어 신학이 대학의 학문으로 거듭나려고 했을 때 그 형태는 규범적인 학문에서 경험적인 학문으로 변신한 상태였고, 교리의 학문에서 종교의 학문으로 탈바꿈하는 경향을 보이기도 했다. 이 시기 대학은 과학적인 인식을 모델로 한 연구 중심의 대학이 주류로 등장하고, 다윈주의나 실용주의와 같은 학문이 인문학과 사회과학에도 뿌리를 내렸으며, 철학도 반형이상학인 과학적 증명과 논리를 우선시하게 되었다. 신학은 불필요한 학문 또는 그 학문성을 의심받는 분야로 대학의 필수 커리큘럼에서 점차적으로 사라져갔다.

이런 상황에 대한 대응으로 신학이 조직적이고 과학적인 학문이어야 한다는 주장이 내부에서 나오기 시작한다. 그와 함께 신학의 분야를 실천적이고 체계적이고 역사적인 것들로 구분하여 나누기 시작하면서, 기도와 성례전 같은 제례적인 요소들은 신학의 본질적인 이해에서 멀어져갔다. 조직신학이란 용어가 생겨나 신학의 이론화를 도왔고, 조직신학의 기초는 방법론이 되었다. 19세기 미국의 대표적인 보수 장로교 신학자였던 찰스 하지(Charles Hodge)의 유명한 『조직신학』을 일례로 들 수 있다. 그 책의 첫 장의 제목은 '방법론' 이고, 그 장의 출발은 신학이 과학적 학문이라는 것을 확인하는 작업이었다. 그 후 방법론으로 조직신학을 시작한다는 것은 일반적인 신학의 상식이 되었다. 그러나 더 큰 문제는 성서와 신학의 분리였다. 어느 종교에서도 볼 수 없는 이 현상이 서구 근대의 과정을 통해 일어났다. 성서학은 신학 밖의 세속 학문의 방법론을 이용해, 문학으로 또 문헌학으로 그 연구를 정당화시켰고, 신학은 계시의 원천이었던 성경을 버리고 논리와 엄밀한 방법으로 과학적인 학문성을 추구했다. 서로 생존을 위한 갈라짐이었지만 결국 생존을 위한 구걸이었다고도 할 수 있다. 신학은 본질을 망각하고 타 학문에 어떤 새로운 게 있는지 기웃거리는 신세가 되고 말았다. 그러나 그런 노력을 했지만 실제로 근대 대학에서 학문성을 인정받은 것은 '종교학'이었다. 관찰할 수 있는 사실을 요구했던 실증주의의 조건을 형이상학이 아닌 현상만을 말한다는 현상학으로 만족시킬 수 있었다. 반면에 신학이 그 요구를 충족시키기 위해 내세울 수 있는 계시의 현상학은 그때나 지금이나 어렵기는 마찬가지다.

19세기 신학의 이런 변신은 최근 비판을 받고 있다. 시대의 사상적 흐름에 맞게 적절히 대응을 해야 하는 것은 분명하지만, 신학이 학문성을 보장받기 위해 실증주의와 가치중립성 앞에 하나님의 지식이라는 신학의 규범적인 본질과 종교성을 희생시켰다는 비판이다. 더 크게 보면 역사와 과학에 대한 절대적 신뢰가 이데올로기와 무관하지 않다는 것을 망각했다는 비판이고, 이성 중심의 사고가 인간 이해를 왜곡시킬 수 있다는 것을 무시했다는 비판이다. 그렇다면 이 시대에 신학과 대학의 관계를 어떻게 설정할 것인가? 대학 내부에 존재하는 신학이 어떤 의미가 있을까? 최근에 현대 대학에서 신학이 제 위치를 찾으려면 중세 이후 잃어버렸던 실천적인 모습을 되찾아야 한다는 주장도 있다. 곧 신을 배우고 섬기는 일의 실천적인 조건이라 할 수 있는 기도와 묵상과 성례전과 같은 의식을 회복해야 한다는 것이다. 그러나 이런 제안이 어떤 방식으로 신학 커리큘럼 속에 제도화될 수 있을지 파악하기란 쉽지 않다.

그럼에도 최소한 기독교의 정신을 고백하는 대학에서 신학이 중요한 역할을 할 수 있고 또 해야 한다는 것은 분명하다.

신학이 대학에 필요한 학문이라는 것은, 신학이 대학의 학문을 통제하고 대학이 종교적 인격을 추구하는 시대에 대한 향수 때문이 아니다. 다만 신학과의 관계를 배제한 상태에서 대학의 역사에 대한 깊이 있는 사고가 있을 수 없기에, 현대의 대학이 몰락의 길에서 자신을 되돌아볼 수 있는 방법 중 하나가 신학의 학문성에 대한 재고라 보기 때문이다. 이것은 신학의 가치를 배제한 연구를 주장하는 현대 대학이 현재 어떤 상태에 있는지 살펴보는 것을 전제로 한다. 사실 현대의 대학은 가치의 중립만이 아니라, 다양한 가치를 포용하는 다양성을 주장한다. 그럼에도 신학과의 대화가 쉬운 것은 아니다. 신학이 기독교라는 종교의 연구로만 만족할 수 없는, 비판적이고 규범적인 역할을 본질적으로 갖고 있기 때문이다. 대학이 지성과 비판의식의 공간이 되려면 신학이 대학의 중요한 일부가 되어야 한다. 신학의 내적인 요구가 지성과 비판의식이기 때문이다. 신학이 다양한 학문들의 대화와 연결을 도모할 수 있는 가능성은 이런 독특한 자기이해에서 나온다. 따라서 이성을 넘는 하나님의 계시를 다루는 신학은 그 이성의 현상까지도 판단할 사명을 지닌다. 여기서 신학이라는 학문의 독특한 모습을 타 학문과의 관계에서 그려낸 고전의 인물들을 잠시 살펴보자.

어거스틴은 대학이란 제도가 생기기 이미 800여 년 전 기독교 밖 세속의 교육 문화에 신랄한 비판을 가했다. 희랍 문화에 바탕을 둔 그 교육은 진리의 추구보다 개인의 이익을 목적으로 했고, 아는 것에 대한 허영심만 키워주었다고 고백했다. 그 고백은 자신에 대한 반성이었다. 그는 학문적 배움을 통해 자신의 인기를 높이는 데 급급했고, 수사학을 가르친다면서 남을 이기는 기술을 팔았다고 고백했다(*Confessions*, 4.2). 그러나 세속 교육의 기본적인 문제는 이성의 한계에 있었다. 이성이 이미 타락했기 때문에 진리를 추구할 의지도 능력도 상실했고, 신앙의 도움을 받지 않으면 진리 추구의 도구가 될 수 없다는 것이다. 이성보다 신앙이 우선이라는 점을 강조하고 신앙으로 세속의 교육 문화를 인도할 수 있다고 믿으면서, 어거스틴은 희랍의 고전교육을 새롭게 해석하기 시작했다. 이런 새로운 조건하에서, 세속에 뿌리를 둔 희랍의 자유교육(Liberal Arts)이 성경을 읽고 이해하는 데 도움을 줄 수 있다고 생각했고, 그로 인해 하나님을 영광되게 하는 지식으로 변할 수 있다고 믿었다.

어거스틴은 신학이나 타 학문의 목적이 같다고 여겼다. 하나님은 진리 자체이기 때문에, 모든 진리 추구는 같은 방향을 향한다는 것이다. 그러나 타락한 이성을 기초로 하는 철학이 그 사실을 깨닫고 진리를 추구하려면 계시의 영향을 받아야 한다. 계시는 바로 신앙의 영역이고, 신앙은 이해를 추구한다. 신앙은 단순한 믿음이 아니라 하나님과 소통하는 삶, 즉 지혜로운 삶을 추구한다. 성서와 계시를 통해 지혜로운 삶을 추구하는 신앙이 신학이고, 신학이라는 학문은 실천을 수반하는 학문이 된다. 학문적으로서 신학은 타 학문을 타락에서 일깨우고, 진리라는 목적으로 이끄는 통합적인 역할을 수행한다. 여기서 신학과 타 학문의 관계가 잘 드러난다. 진리를 추구하는 모든 학문은 하나님을 향하는 것이지만, 신앙의 인도를 받지 않으면 타락한 이성의 영향을 받게 된다는 것이다.

중세 대학은 신학을 으뜸가는 학문으로 이해했지만, 신학과 다른 학문의 차이에 대한 문제가 사라지지 않았다. 이것을 13세기 신학자 토마스 아퀴나스의 대작인 『신학대전』(*Summa Theologica*)에서 볼 수 있다. 신학의 모든 문제를 다룬 이 방대한 저술 작업을 시작하는 첫 번째 주제로 그는 신성한 교리(Sacred Doctrine)를 다루는 신학이 어떻게 여타의 학문과 다른지에 대한 논증을 택했다. 그만큼 중요했다는 것을 의미한다. 구체적으로 신학이 왜 필요하고, 다른 학문과 어떻게 비교될 수 있는지에 대한 부정적인 견해를 제시하고 그에 반하는 답변을 제시한다. 아퀴나스의 답변을 살펴보자.

첫째, 철학이 있는데도 신학이 필요한 이유는 인간의 이성을 근거로 한 철학으로는 그 이성을 넘는 진리를 알 수 없기 때문이다. 아퀴나스는 그 진리가 계시를 통해서만 인간에게 주어진다고 믿었다. 여기서 아퀴나스가 이성의 타락을 말하지 않는 것에서 그의 스콜라 신학의 단면을 볼 수 있다. 둘째, 아퀴나스는 신학이 과학적인(체계적인) 학문인가 하는 질문에 대해 그렇다고 말한다. 모든 학문은 자명한 원칙에서 출발하지만, 그 원칙은 그 학문보다 더 높은 것일 수도 있다. 중세 학문의 예이기는 하지만 아퀴나스는 음악이 수학의 원칙을 따르듯이, 신학은 하나님이 계시한 원칙을 따르기 때문에 분명 과학적인 학문이라고 한다. 셋째, 신학은 다른 학문보다 고차원적인 학문이라고 한다. 학문의 높고 낮음은 그 학문을 통해 어느 정도의 확실성을 담보할 수 있는가, 또 그 주제가 얼마만큼 소중한 것인가에 따른다. 신학은 그 확실성을 실수할 수 있는 인간의 이성이 아니라 하나님의 지식에 근거하기 때문에, 또 그 주제가 하나님 자체이기 때문에 더 귀한 학문이라고 한다. 넷째, 신학은 다른 학문의 공부를 통해서 결코 얻을 수 없는 지혜의 학문이라고 한다. 하나님 자체가 지혜이기 때문에, 신적인 지식을 추구하는 신학만이 오를 수 있는 특별한 위치이다(*Summa Theologica*, Part 1. Q1).

중세 스콜라 신학이 대학 내에서 신학의 위상을 높게 세워놓은 것으로 보이지만, 그 신학은 이미 분열의 씨앗을 안고 있었다. 첫째, 신학이 합리적인 분석으로 흘러, 대학 이전 세대의 신학 곧 수도원 신학의 기도와 묵상과 실천의 전통을 망각하기 시작했다는 것이다. 둘째, 신학의 우선권을 설파했지만, 철학과 의학과 법학이 신학적 사고로 어떻게 조화를 이루는지에 대해서는 지속적인 관심을 갖지 않았다. 신학이 학문의 연결성과 통합성을 연구하는 학문적 체계를 제시하지 못하는 사이, 철학은 사변적인 학문으로, 의학은 영혼과 분리된 몸만 다루는 기술로, 법학은 왕권을 유지하는 세속법의 영역으로 발전해나갔다. 견제와 시기가 과열되면서, 철학자들이 계시의 영역을 다루지 못하도록 하는 법령이 1270년대 통과된다. 또 신학을 공부하고 영혼의 문제를 다루는 사제들이 몸을 다루는 의학을 공부하지 못하도록 했다. 이런 식으로 인간을 세분화시켜 이해하게 된 것은 분리와 구분의 진리 추구 방식을 요구했던 아리스토텔레스의 철학이 스콜라 신학이라는 이름으로 중세 대학 내에서 제도화되었기 때문이다.

이런 학문의 세분화 내지는 분열화의 과정은 현재까지 진행 중이라 할 수 있다. 현대 대학은 독립적인 학과 중심으로 구성되어 있다. 한 학과는 내적인 방법론과 독특한 주제와 가치를 갖고 있기 때문에 그것만 섭렵하고 다른 학과에 전혀 관심을 갖지 않아도 충분히 인정받는 학자가 될 수 있다. 오히려 세분화된 영역을 집중적으로 연구하는 것만을 학문적이라고 하는 경향도 없지 않다. 기독교 대학이라고 해도 마찬가지다. 신학이나 종교적 가치가 어떻게 다양한 학문을 연결시키고, 어떻게 한 학문이 전체적인 가치의 부분이 되는가에 대해서는 관심이 없다.

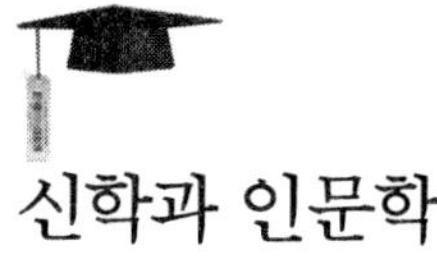

신학과 인문학

대학 내에서 신학과 타 학문의 공존의 가능성을 적극 주장한 사람은 가톨릭 주교였던 영국의 존 헨리 뉴먼(John Henry Newman)이었다. 그의 저작 『대학의 이념』은, 지금은 먼 옛날로 느껴지는 1852년에 출판된 책이지만 대학과 지식의 역사에서는 고전으로 꼽힌다. 다양한 세속의 학문이 시대를 대표하는 배움으로 떠오르고 산업혁명의 여파로 교육의 본질이 흔들리고 있을 때, 뉴먼은 '대학이란 무엇인가?' 하는 질문을 던졌다. 그의 저작은 시대의 조건과 대학의 본질이 어떻게 조화를 이루어야 하는가를 다룬 책으로, 같은 물음을 고민해야 하는 이 시대에도 많은 것을 시사해준다. 가톨릭 주교로 또한 신학자로 뉴먼은 대학 내에서 신학의 위치를 옹호한 것으로 유명하고, 현재까지도 대학의 이념이란 개념은 언제나 그의 사상과 함께 떠올리게 된다.

흔히 알려져 있는 19세기의 대학은 베를린 대학을 시초로 하는 리서치 중심의 대학이다. 그러나 뉴먼은 산업화와 기술이 주도하던 당시에도 리서치보다 교육을 통해 인격 함양을 이룰 수 있는 대학이 필요함을 설파했다. 그는 과거의 전통과 현실의 요구를 대학에서 충족시킬 수 있다고 여겼다. 동시에 가톨릭교회의 신학적 가르침에 위배되지 않는 대학이 가능하다고 믿었다. 뉴먼의 이런 생각은 당연히 베를린 대학을 키운 훔볼트 같은 학자의 생각과 차이가 있는 것이다. 그 차이는 대학의 교육이 인간에 초점을 맞추는가 아니면 학문과 지식에 우선성을 두는가에 달렸다. 물론 뉴먼과 훔볼트 모두 인간과 학문을 말하지만 그 차이는 분명히 드러난다. 뉴먼은 고전과 전통 중심의 배움 그 자체를 가치로 인정한다. 훔볼트는 앞서가는 연구를 통해 얻는 배움에 관심이 있었다. 따라서 그 학문이 어떤 체계를 가진 학문인가를 중요시하게 되고, 학문의 자유를 강조한다. 자유롭지만 엄밀한 연구와 그 결과를 따르는 자세에 방점을 찍고 그로 인해 사회가 발전할 수 있다는 실용적인 가치를 중요시하는 대학론이라 할 수 있다. 그에 반해 뉴먼은 실용주의적인 가치에 의거한 교육 이념에 반대했고, 대학이 직업교육의 공간이 되어서는 안 된다고 주장했다.

뉴먼의 관심은 인간이 평생 지닐 수 있는 덕목을 습득하는 데 있었다. 즉 자유 정의 절제 지혜 등의 덕목을 습득해 "마음의 습

관"(Habit of Mind)으로 간직하게 해야 한다는 것이다. 뉴먼이 이상적으로 생각했던 사회는 전문가들의 사회가 아니라 지성인의 사회였다. 전문 인력이 되는 과정으로 대학의 교육을 이해한다는 것은 인간의 이성을 낮추어 보는 것이다. 인간의 이성은 지적인 수양을 통해 빛날 수 있다. 대학에서 이런 수양의 교육을 받은 사람은 사회의 변화에 대해 능동적이고 합리적인 판단을 할 수 있고, 사회에서 대학을 통해 필요한 사람은 전문적 지식이 있는 사람만이 아니라 이성적인 인간이다.

뉴먼은 고전교육이 이런 지적인 능력을 키울 수 있다고 주장하고, 그 교육은 실용성과 상관없이 그 자체로 의미가 있다고 생각했다. 그렇다고 그 교육이 미래의 삶을 영위하는 데 쓸모없다는 것은 결코 아니다. 어떤 직업에서든 명확한 사고를 하고, 아는 것을 체계적으로 정리하고, 현재의 사건들을 좀 더 넓은 시야에서 판단할 능력은 필요한 것이다. 좁은 의미의 직업교육이나 전문화 과정으로는 지식의 역사성과 통합성을 인식할 수 없다는 주장이다.

뉴먼은 대학에서 다양한 학문을 가르쳐야 한다는 것을 부정하지 않았다. 그가 대학의 이념에 대해 강연을 하고 책을 출판하게 된 이유는 아일랜드에 가톨릭 대학을 설립하는 계획에 참여했기 때문이었다. 그 대학은 공대와 의대까지도 설립을 계획했었다. 대학은 모든 학문의 중심이 되어야 하기 때문이었다. 그러나 학문이 다양해지면서 학생들이 학문의 각 분야가 다른 분야와 어떻게 연결되어 있는지 파악할 수 있도록 전체를 모아낼 체계와 질서가 필요하다고 보았다. 그러나 대학의 목표가 전문인을 양성하는 직업교육이나 실용교육이 되는 것은 있을 수 없는 일이었다. 뉴먼은 철학을 학문의 한 분야로만 보지 않았다. 이성을 이용해 지식에 체계를 만들고, 제한 없이 모든 진리를 받아들이며 학문의 분열을 막는 게 철학이라는 것이다.

뉴먼은 신학이 대학 내에서 불분명한 학문적 위치에 있음을 잘 알았다. 그는 그 이유 중 하나를 자유주의 신학을 비롯한 많은 기독교 종파들이 종교적 담론을 지적인 인식에 이르지 못하는 느낌이나 감정으로 표현하기 때문이라고 보았다. 만약 그렇다면 종교나 신학은 대학의 학문이 될 수 없다. 그러나 종교는 진리의 영역이었고, 인간은 이성과 계시를 통해 신에 대한 참된 지식을 얻을 수 있고, 그 지식은 체계화될 수 있다고 믿었다. 생각하는 인간은 모두 신에 대한 진리를 알 수 있기 때문에, 대학에서 배제되어서는 안 된다. 뉴먼은 자연신학뿐만 아니라 계시를 통해 전해진 진리도 신학에서 뺄 수 없다고 주장했다. 그 이유는 이성이 잘못된 길로 빠지지 않으려면 초월적 계시가 필요하기 때문이다. 그는 대학이 신학교가 아니기 때문에 교리신학이나 성례신학은 가르칠 필요가 없지만, 일반적인 신학의 지식은 가르쳐야 한다고 생각했다. 만약 신학이 없으면 다른 학문들이 균형감을 잃게 되고, 그 공백을 메우기 위해 나름대로의 노력을 할 수밖에 없는 태생적 구조를 갖고 있기 때문이다.

뉴먼에게 대학 내에서 신학이 존재하는 큰 이유는 타 학문의 한계를 지적하기 위함이라 할 수 있다. 대학에 팽배한 합리주의가 인간이 모든 것의 잣대인 것처럼 가르치는 것을 견제하고, 대학이 자유만을 고집하면서 그 자체적인 기준과 목적을 절대화하려 할 때, 신학은 더 큰 진리와 뜻을 말해야 한다는 것이다. 지식과 배움이 둘로 나뉘고, 대학이 기술과 실용을 이야기할 때, 신학은 인간과 정신을 말할 수 있다는 것이다. 결론적으로 뉴먼은 신학을 제외하고 진리의 통합성과 전체성을 논할 수 없다고 믿었다. 모든 진리는 연결되어 있다. 이 진리는 모든 우주의 진리를 포함하는 것이다. 하나님 안에서 그 진리는 하나를 이루기 때문이다. 따라서 사실적이고 물리적인 진리와 정신적인 진리의 분리가 있을 수 없다. 과거와 단절된 지식과 배움도 있을 수 없다.

뉴먼의 대학론이 대학 역사의 귀중한 고전으로만 남아 있는 이 시대에 신학의 이름으로 대학을 비판해온 미국의 신학자가 있다. 바로 대중적인 신학자 그리고 평화주의자로 알려진 스텐리 하워와스이다. 특유의 에세이 스타일로 쓰인 『대학의 현황』(*The State of the University*)이라는 그의 책은 기독교 정신으로 설립된 대학들에 초점을 맞춘다. 그는 현대의 대학이 국가를 중심으로 하고 국가를 섬기는 지식을 만들어내고 확산시키는 것을 목적으로 한다는 사실을 지적한다. 그리고 그 사실이 기독교의 입장에서 문제가 된다는 것을 인식해야 한다고 주장한다. 대학이 국가 그리고 최근에는 기업과 같은 권력의 도구로 전락하지 말아야 한다는 것은 하워와스의 관점에서 모든 대학에 해당되는 지적이지만, 기독교 대학의 입장에서 이 부분은 타협의 대상이 될 수 없다. 기독교의 이상으로부터 사명과 목적을 부여받은 대학들은 학생들을 올바르게 형성할 수 있는 지식을 연구하고 만들어내는 데 힘써야 한다. 하워와스는 기독교인들은 그것을 요구할 권리가 있고, 그런 믿음의 자세로 대학에 참여해야 한다고 말한다.

하워와스는 여기서 교회의 역할을 주장한다. 즉 교회가 대안적 공간이라는 본래적인 의미를 회복하여 국가의 권력과 기업의 이윤 논리에 의거한 지식을 생산해내는 대학을 변화시키려는 노력을 해야 한다는 것이다. 서구 사회와 대학의 이상과 세계관의 근거를 제공한 기독교 공동체에서 대학의 문제를 지적하는 것은 당연한 일이다. 교회는 평화와 박애와 같은 믿음의 전통으로 신앙인을 형성시킬 의무가 있기 때문에, 배움과 교육제도의 중요성을 심각하게 받아들여야 한다. 하워와스의 관심은 신학이 어떻게 대학에 적응하여 대학에서 인정받는 학문이 될 수 있느냐에 머무르지 않는다. 그 대신 대학이 어떻게 기독교 정신을 구현할 학문으로 학생들의 인격을 형성할 것인가에 주목한다. 기독교 대학임을 고백하는 대학에서 어떤 지식을 가르치고 연구하는가에는 관심을 갖지 않은 채, 채플 참석의 제도화와 졸업식과 같은 행사에서 기도를 드리는 것으로 만족하는 경향도 비판하면서, 대학의 변화와 교회의 관심을 요구한다. 하워와스의 대학론은 기독교 전통에 뿌리를 둔 서구 대학에 대한 개혁론이지만, 현대 대학의 양상에 대한 지적이다. 또한 한 사회에서 책임져야 할 대학의 역할이라는 차원에서는 종교와 문화권을 넘은 성찰이라 할 수 있다.

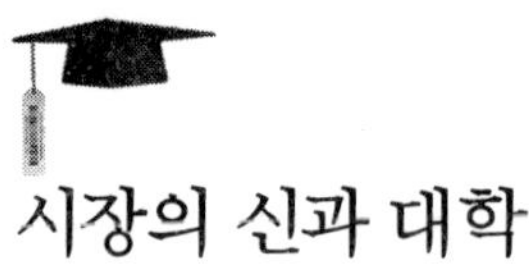

시장의 신과 대학

전통의 대학은 형이상학적이고 신학적인 가치를 섬겼다. 섬김의 대상이 없는 교육은 없었다. 기독교 신학의 영향에서 벗어나 탈종교라는 상징의 울타리 속에 거주하기를 원하는 현대의 대학도 예외일 수는 없다. 언제부터인가 자본주의라는 종교와 시장이라는 신이 서구 사회에서 전통적인 기독교 세계관을 대신하고 있다. 현대의 대학은 바로 그 시장의 신을 섬기는 곳이 되고 있다. 전통의 대학이 기독교 신학에 의해 통제되고 학문적 당위성을 부여받았다면, 현대의 대학에선 비즈니스 신학이 그에 상응한 역할을 하고 있다. 자본주의 사회의 신은 시장이고 그 시장의 신을 연구하는 학문이 비즈니스 신학이다. 이 신학은 대학의 행정만이 아니라 그 정신의 중심에 자리 잡고 있다. 그 영향으로 대학은 시장의 정당성과 그 존재 양식을 증거하는 곳이 되고 있다.

다른 유일신과 마찬가지로 이 신도 맹목적인 믿음을 요구한다. 이 믿음으로 구원에 이를 수 있고, 경제의 성장은 구원의 증거가 된다. 자본주의 종교가 승리했다는 사실은 그밖의 것이 존재하지 않는 것에서 알 수 있다. 지구가 멸망하고 이 세상이 끝나는 것은 가정할 수 있어도, 자본주의의 종말은 상상하기 힘든 시대에 살고 있다. 이 신이 다른 신들을 물리치고 유일신적인 위치에 오른 건 구소련권이 몰락한 뒤였다. 그것은 마가렛 대처 수상이 자유시장을 신봉했던 경제학자 하이에크의 책(*Constitution of Liberty*)을 치켜들고 "우리가 믿는 건 바로 이것이다" 했을 때 이미 예고된 일이다. 모든 것 위에 존재하는 시장의 신은 신비에 쌓여 있다. 그 신비 속에서 경배를 요구한다. 인간에겐 신비스러운 존재이지만, 모든 것을 알고 모든 곳에 있으며, 모든 힘이 있다고 믿는다. 믿음으로 이해하고 거스를 수 없는 복종의 대상일 뿐이다. 절대의 신은 무에서 유를 창조한다. 이 신은 시장에서 그런 일을 행한다. 존재하는 모든 것은 상품이 될 수 있다는 것이 시장의 존재론이다. 시장을 부인하고 떠난다는 것은 창조된 인간의 본성을 저버리고 타락하는 길이다. 시장의 신을 섬기는 일은 현대 자본주의의 일상에 속한다. 이 신은 어디에나 존재하지만, 대제사장이 예배를 드리는 성전이 있는 곳은 돈의 시장인 월스트리트이다. 이 성전에서는 신이 계시를 내린다. 축복일 수도 있고 분노일 수도 있다. 신의 축복을 소로 비교하고 분노를 곰으로 상징하는 것에서 원시 종교의 전통도 고수하고 있다. 신이 분노한 이유는 추측만 할 뿐 아무도 알지 못하지만, 신을 만족시켜야 한다는 건 절대적인 명제이다. 신의 분노로 모두가 멸망하지 않기 위해, 월가의 성전에 제물을 바친다. 정리해고라는 희생의 제물도 있고, 백성들이 세금을 바치기도 하며, 제사장과 같은 성전에 기생해 사는 사람들에게 주는 보너스 형식의 제물도 있다.

시장을 섬기는 인간은 개미라 불린다. 신의 기적을 바라면서 끊임없이 벌은 것을 가져다 바친다. 인간의 자유는 바로 그 믿음의 실천에서 나온다고 한다. 시장 신의 또 다른 이름은 자유시장, 즉 프리 마켓(Free Market)이다. 시장 밖에는 자유가 없다. 따라서 자유의 이름으로 시장 이외의 신을 섬기는 체제를 배격하고 전복을 노린다. 시장의 자유는 소비의 자유다. 따라서 인간의 가치는 소비의 능력에 있다. 노동은 소비를 위한 조건일 뿐이고, 노동의 가치는 생산성에 있다. 생산성이 떨어지는 것만큼 시장의 신을 노하게 하는 건 없다. 생산성을 높이는 방법은 경쟁이 유일한 길이다. 경쟁이 있어야 하는 이유는 그것이 바로 인간의 본성이기 때문이다. 이전의 모든 종교가 죄악으로 취급하고 억눌렀던 인간의 본성이 이제 자본주의 종교의 극적인 반전으로 최고의 덕목으로 등장하게 되었다. 이 반전은 성과 속의 반전이고 선과 악의 반전이다. 니체가 자랑스러워할 완전한 반전이다.

자본주의의 발달이 개신교 정신의 영향을 받았다는 주장은 오래된 것이다. 그러나 자본주의는 그 영향을 넘어 모든 종교를 대체할 세력으로 등장했다. 자본주의를 종교로 이해한 발터 벤야민을 여기서 떠올리게 된다. 그는 "Capitalism as Religion"('종교로서의 자본주의')란 짧은 미완의 글에서 자본주의를 개신교의 정신에 영향을 받아 발전한 정치경제적 현상으로 보지 않고, 그 자체가 기독교에 기생해 발달한 종교로 이해했다. 그러나 이 종교에게 신학적 고찰이나 교리적 논의는 중요하지 않다. 오직 제례적 행위와 맹신만이 강조되는 절대적 컬트(Cult) 종교이기 때문이다. 자본주의라는 광란의 잔치판에 모든 것은 제물로 환원된다. 제삿날이나 예배를 드리는 날도 따로 없고, 시간과 장소를 구분하지 않고 조건과 제한 없는 제물의 잔치를 요구한다. 자본주의는 물질만을 요구하지 않는다. 물질은 관념과 이데올로기로 변하여, 자본이라는 종교와 시장이라는 신을 매개한다. 이에 대한 영적인 헌신과 섬김이 따라야 한다. 여기서 세속과 영적인 것의 구분은 당연히 존재하지 않는다. 모든 것이 제물로 쓰일 수 있기 때문에, 기존 종교의 제례의식에서 볼 수 있는 제물의 자격 조건이 없어졌기 때문이다.

자본주의는 맹목적 섬김에 방해되는 신학을 배제한 종교이지만, 기존의 종교가 해답을 주었던 고난과 소외와 같은 문제를 만족시키고자 하는 형이상학의 구조를 갖고 있다. 성장을 향한 무한의 의지와 순간적 만족이 그것이다. 그러나 벤야민은 자본의 종교가 인간을 속죄나 구원으로 이끌지 못한다고 생각했다. 오히려 모든 가치를 상품가치와 교환가치로 환원시킨 결과는 끝없는 죄의식이다. 컬트 의식과 행위밖에는 스스로를 확인시키고 당위성의 근거를 마련할 길이 없기 때문이다. 초월의 가능성이 없는 상태에서 인간의 모든 경험은 물신을 숭배하는 것으로 완성된다. 그러나 그 경험은 죄의식을 낳고, 자본주의는 그 의식을 보편화시킨다. 벤야민은 자본주의를 우리가 지금까지 볼 수 없었던, 삶을 새롭게 하는 게 아니라 파멸에 이르게 하는, 초유의 종교라 여겼다.

자본주의란 종교에 신학과 교리가 없다는 벤야민의 주장은 그가 20세기 후반 자본주의의 화려한 변신을 목격하지 못해서가 아니라, 극도의 컬트 종교로 변한 자본주의가 물질의 제사만을 강요하는 점을 부각시킨 것이다. 만약 벤야민이 자본주의에도 교리가 있다고 인정한다면 그것은 죄의식의 교리일 것이다. 그는 자본주의가 죄의식을 체계화시키고 보편화시킨다고 생각했다. 이것을 최근의 상황에서 쉽게 이해하자면, 아마도 금융자본주의의 늪에서 아무도 빠져나올 수 없다는 포기와 체념 심리로 표현될 수 있을 것이다.

| 끝내는 말 |

이 책의 내용을 정리해보자. 대학이 몰락의 위기에 처해 있다는 주장은 어느 시대에서나 들을 수 있었다. 대학을 진리와 지식의 차원에서 보자는 주장과 사회적 조건에서 보자는 주장은 항상 대립해왔었다. 어느 시대나 그 시대의 위기가 종말에 이르는 위기라고 믿는다. 현대 대학의 몰락론의 독특한 면은 대학이 대학이란 이름으로 존재할 이유가 더 이상 없다는 생각이 그 나름대로의 근거와 의미를 갖고 있다는 것이다. 그러나 실제로 대학이 고등교육의 기관으로, 학생을 교육시키고, 학위를 주는 일을 포기하거나, 그런 역할을 하는 교육 기관이 없어지지는 않을 것이다. 다만 중세에 뿌리를 두고 그 역사를 정신적 유산으로 삼는 학문의 공간이 대학의 본질의 일부라면, 현대의 대학이 그 본질적 요소를 다 상실해버리고 있다는 의구심이 강하게 든다는 것이다.

대학의 현재적 위기를 설명하기 위해 그 역사의 중요한 부분들과 현대의 상황을 살펴보았다. 중세에서 근대 그리고 미국에서 한국으로 이어지는 그 역사의 전개를 서술했고, 간략하게나마 그 역사에서 드러나는 본질적이라 할 연속성이 있는지도 살펴보았다. 배움이 곧 섬김이라는 전제하에 대학이 시대의 정신을 반영하는 모습을 지적했고, 시대의 정신이 대학이라는 존재의 근거를 빼앗

아갈 수 있는 가능성도 짚어보았다. 여기서 말하는 근거란 이상을 바탕으로 한, 현실과의 거리와 그 현실을 평가할 자유로움을 뜻한다. 그런 사유가 사라지는 것에 대한 저항이나 반성이 자취를 감추고 있다는 사실도 현대 대학이 처해 있는 독특한 상황이다.

이 현실은 자본주의의 영역이 인간 삶의 모든 영역에까지 침투하면서, 또 대학의 지향점이 학문과 인간에 대한 이상과 비판 정신에서 벗어나 자본주의의 생산력 향상의 전초 기지로 탈바꿈되면서 시작한 것이라 몇 차례 언급했다. 그 결과로 나타난 현상은 이미 우리에게 익숙해진 대학의 일상이다. 대학이 스스로를 상품화해서 시장에 내다 팔아야 하는 상황, 학생들이 소비자로서의 권익을 주장하는 상황도 지적했다. 대학의 기업 친화적인 성향과 산업에 대한 의존도가 높아지는 상황, 그리고 대학의 운영과 조직까지도 기업형 모델을 따르는 상황에서 대학이 자본주의 기업체로 전락했다는 진단까지 내릴 수 있다. 지식은 생산과 소비라는 관계의 차원에서 이해되고, 교수와 학생의 관계는 그런 관점에서 평가되며, 효율성이라는 관료 체제의 이상에 의해 운영되고 또 지배를 받는다.

앞서 언급한 대로 빌 레딩스는 대학을 그 역사적 역할이 이미 끝난 교육 기관이고, 지금은 황량한 폐허 속에 머무르고 있을 뿐이라고 진단했다. 200여 년 전 민족 국가와 계몽 사관에 의거한 문화의 수호자로서 새롭게 탄생한 대학은 문화의 이름으로 과거의 전통과 미래의 이상을 현대적 과제로 엮어내는 역할을 했다. 20세기 후반에 접어들면서 세계화란 개념과 초국가적인 기업 권력이 등장했고, 민족 국가란 개념이 비판을 받는다. 민족 문화나 정체성과 같은 개념을 대체한 이념은 정의나 평화가 아니라 무엇이든 잘해 최고가 되어야 한다는 엑설런스(Excellence)였다. 모든 가치나 이념이나 사고의 양식이 그 중요성에서 동일하기 때문에 대학은 단지 생산과 교환과 소비의 시장일 뿐이다. 엑설런스는 가치와 목적을 상실한 학문의 피신처이다. 그 공허함을 채워주는 역할을 한 것이, 대학의 순위 정하기 운동이었다. 어떤 교육을 시킬까보다 SAT 점수와 기부금 액수나 논문 편수에 집중하는 이유가 바로 여기에 있다. 철학과를 없애고 인터넷 상업학과를 만들어도 대학의 평가에 아무런 영향을 미치지 못하는 건 당연한 결과이다.

대학의 미래 또는 미래의 대학을 예측하기는 어려워도, 대학의 역사에서 볼 수 있는 이상의 추구가 미래 대학의 관심이 아닐 것이라는 사실은 쉽게 짐작할 수 있다. 그럼에도 이 시대의 대학이 목적이 있는지 또는 있어야 하는지, 감당해야 할 시대적 역할이 있는지 또는 있어야 하는지 지속적으로 물어야 한다. 그래야만 미래의 대학을 생각할 수 있다. 따라서 이 책의 시작과 끝은 같다. 그런 질문이 지속되어 논의의 대상이 되고, 담론의 형성으로 이어져야 한다는 것이다. 대학을 개혁하자는 소리를 국가와 기업 그리고 대학 내부에서도 끊임없이 들을 수 있지만, 그것은 대부분 현실을 위한 개혁이지 미래를 위한 개혁은 아니다. 또 인간이나 이상이나 진리와 같은 한가한 주제들은 개혁 논의의 의제로도 끼지 못한다. 그런 한가한 주제들이 중요하다고 인식되려면, 자본과 시장과 경쟁이라는 이 시대 대학의 우상으로부터 거리를 둘 수 있어야 한다. 이 시대 대학의 위기는 바로 그 거리를 유지하는 게 불가능하다는 데서 출발한다. 따라서 이 시대에 대학의 이상을 지켜나갈 대학이 있다면 그것은 대학 밖의 대학일지도 모른다. 배움을 통해 삶을 돌아보고, 시대를 직시하고 정의를 외치는 사람들이 있는 곳, 그곳은 자본의 시장이 아닌 소크라테스의 '아고라'일 것이며, '큰 배움'으로서의 대학이 존재하는 곳이리라.

| 참고문헌 |

Aquinas, Thomas. Translated by Fathers of the English Dominican Province. *Summa Theologica*. Westminster, Md.: Christian Classics, 1981.

Augustine, Translated by R. S. Pine-Coffin. *Confessions*. New York: Penguin Classics, 1961.

Benjamin, Walter, Translated by Chad Kautzer Livingstone. "Capitalism as Religion," in *Select Writings vol. 1, 1913~26*, ed. Marcus Bullock and Michael W. Jennings. Cambridge: Harvard University Press,1996.

Bloom, Allan. *The Closing of the American Mind: How Higher Education Has Failed Democracy and Impoverished the Souls of Today' s Students*. New York: Simon and Schuster, 1987.

Boethius, Translated by P.G. Walsh. *Consolation of Philosophy*. New York: Oxford University Press, 1999.

Chomsky, Noam, et al. *The Cold War and the University: Toward an Intellectual History of the Postwar Years*. New York: New Press, 1997.

Chomsky, Noam. "The Responsibility of Intellectuals." In *The Chomsky Reader*, edited by James Peck. Cambridge: Pantheon Press, 1987.

Cox, Harvey. "Market as God: *Living in the New Dispensation*," Atlantic Monthly. (March, 1999).

D' Costa, Gavin, *Theology in the Public Square: Church, Academy, and Nation*. Malden, MA: Blackwell Pub., 2005.

Derrida, Jacques, Translated by Jan Plug and Others. *Eyes of the university: Right to philosophy 2*. Stanford, Calif.: Stanford University Press, 2004.

Derrida, Jacques, Translated by Peggy Kamuf. *Without Alibi*. Stanford: Stanford University Press, 2002.

Descartes, Rene, Translated by Donald A. Cress. *Discourse on Method and Meditations on First Philosophy*. Indianapolis: Hackett Pub. Co., 1993.

Eisenhower, Dwight. Farewell Address(1961)

http://www.ourdocuments.gov/doc.php?flash=true&doc=90&page=transcript

Elliott, J. H. *Imperial Spain 1469~1716.* New York: St. Martin' Press, 1963.

Fichte, Johann. Translated by R.F. Jones. *Addresses to the German Nation.* Chicago: The Open Court Publishing Company. 1922.

Fred Claus. Dir. David Dobkin. Warner Bros. Pictures. 2007.

Griffis, William Elliot. *A Modern Pioneer in Korea: the Life Story of Henry G. Appenzeller.* New York: Fleming H. Revell Co., c1912.

Hadot, Pierre. *What is Ancient Philosophy?*, translated by Michael Chase, Harvard University Press, 2002.

Hodge, Charles. *Systematic Theology,* Vol 1. New York: Scribner, 1887.

Hauerwas, Stanley. *The State of the University: Academic Knowledges and the Knowledge of God.* Malden, MA: Blackwell Pub., 2007.

Heidegger, Martin. ed., David Krell. *Basic Writings: from Being and Time (1927) to The Task of Thinking (1964).* New York: HarperCollins. 1964.

Heidegger, Martin. ed. William McNeill. *Pathmarks,* New York: Cambridge University Press, 1998.

Hutchins, Robert Maynard. *The Higher Learning in America.* New Haven: Yale University Press, 1936.

Kant, Immanuel. Translated by Mary J. Gregor. *The Conflict of the Faculties.* Lincoln: University of Nebraska Press, 1992.

Karabel, Jerome. *The Chosen: The Hidden History of Admission and Exclusion at Harvard, Yale, and Princeton.* Boston: Houghton Mifflin, 2005.

Lewis, Harry. *Excellence Without a Soul: How a Great University Forgot Education.* New York: Public Affairs, 2006.

Levinas, Emmanuel, Translated by Sean Hand. *Difficult freedom: Essays on Judaism.* Baltimore: Johns Hopkins University Press, 1990.

Levinas, Emmanuel, ed. by Sean Hand. *The Levinas Reader.* New York: Blackwell, 1989.

Lowen, Rebecca S. *Creating the Cold War University: The Transformation of Stanford.* Berkeley: University of California Press, 1997.

Lyotard, Jean-Francois, Translated by Geoff Bennington and Brian Massumi. *The Postmodern Condition: a Report on Knowledge.* Minneapolis: University of Minnesota Press, 1984.

MacIntyre, Alasdair. *God, Philosophy, Universities: a Selective History of the Catholic Philosophical Tradition.* Lanham, Md.: Sheed and Ward Book/Rowman & Littlefield Publishers, 2009.

MacIntyre, Alasdair. *Three Rival Versions of Moral Enquiry: Encyclopaedia, Genealogy, and Tradition.* Notre Dame, Ind.: University of Notre Dame Press, 1990.

Newman, John Henry. *The idea of a university Defined and Illustrated.* New York: Longmans, Green, and Co., 1910.

Prest, John, ed. *The Illustrated history of Oxford University.* New York: Oxford University Press, 1993.

Quincy, Josiah. *The History of Harvard University.* Boston: Crosby, Nichols, Kee, & Co. 1860.

Readings, Bill. *The University in Ruins.* Cambridge: Harvard University Press, 1997.

Robin, Ron. *Making the Cold War Enemy: Culture and Politics in the Military-Intellectual Complex.* Princeton: Princeton University Press, 2001.

Ross, James Bruce. ed. *Viking Portable Medieval Reader.* New York : Viking Press, 1949.

Rowland, Wade. *Greed, Inc.: Why Corporations Rule Our World.* Toronto: Thomas Allen Publishers, 2005.

Schopenhauer, Arthur, Translated by E.F. Payne. *Parerga and Paralipomena: Short Philosophical Essays.* New York: Oxford University Press, 1974.

Seo, Bo-Myung. "The Idea of the University in Korea: A Re-Imagination." *The Review of Korean Studies.* Vol. 8. Number 1. 2005.

Simpson, Christopher, ed. *Universities and Empire: Money and Politics in the Social Sciences during the Cold War*. New York: New Press, 1998.

Sokal, Alan. "Transgressing the Boundaries: Toward a Transformative Hermeneutics of Quantum Gravity." *Social Text* #46/47, pp. 217~252. (Spring/Summer 1996).

Thorndike, Lynn. ed. *University Records and Life in the Middle Ages*. New York: Columbia University Press, 1944.

Wieruszowski, Helene, ed. *The Medieval University: Masters, Students, Learning*. Princeton, N.J: Van Nostrand, 1966.

Wolin, Richard. *The Heidegger Controversy: A Critical Reader*. Cambridge: MIT Press 1993

Zutshi, Patrick, ed. *Medieval Cambridge: Essays on the Pre-Reformation University*. Rochester, N.Y.: Boydell & Brewer, 1994.

김기석, 류방란. 『한국 근대교육의 태동』. 교육과학사, 1999.

한준상, 김성학. 『현대 한국교육의 인식』. 청아출판사, 1990.

유마코시 토오루. 『한국 근대대학의 성립과 전개』. 한용진 역. 교육과학사, 2001.

김옥환. 『대학론』. 교육과학사, 1994.

이만열. 『아펜젤러: 한국에 온 첫 선교사』. 연세대학교출판부, 1985.

장재천. 『조선조 성균관교육과 유생문화』. 아세아문화사, 2000.

함석헌. 『함석헌 다시 읽기』. 노명식 편. 인간과자연사, 2002.